そろそろ取りかかる人づきあいの流儀

青木流極意で人生が１００倍楽しくなる

青木匡光

22世紀アート

人との出会いが人生を豊かにしてくれる――前書き

あなたは人とつきあうのは、得意なほうだろうか。初対面の人とも、すぐに打ちとけることができるだろうか。世の中には、人づきあいが苦手だという人がなんと多いことか。そしてせっかくの人生をいかにつまらなく生きていることか。

最近は若者も中高年も、人づきあいが苦手だという。会社の人間関係に悩み、誰ともつきあいたくないと引きこもり、ニートになる……。人生は一度きりのあなただけの舞台なのだ。殻《から》に閉じこもらないで、一歩踏み出す勇気を持てば、人と出会う醍醐味《だいごみ》を味わいながら、イキイキと人生を送ることができるだろう。

私は長年、ヒューマンメディエーター（人間接着業）として事務所をサロンとして開放し、人生に意欲的な人同士を結びつけ、人間関係に悩む人たちに指針を与えてきた。その体験から得た人づきあいの実践の秘訣をここに一挙にまとめた。よき人たちと、人生を楽しく歩んでいくために、この本を役立てていただければ幸いである。

青木　匡光

目　次

5章　いい人間関係をつくる話し方　79

6章　人づきあいで「自分維新」をしよう　92

7章　つきあいを粋に持続させるには　106

11章　人脈づくりのタブー　179

１章　人づきあいが人生を百倍も楽しくしてくれる

つまらないと思っていたら、ずっとつまらない
まずは、肩の力を抜いて第一歩を踏み出そう

いま目の前にいる相手から自然体で人づきあいを始めていこう

人との「出会い」は人生を彩ってくれる重要な要素である。「いい出会い」が「いい人生」をつくる。人生にはパートナーが必要だ。人生に躓《つまず》いたときに温かい励ましの手をさしのべてくれるパートナー、あなたをさらに成長させてくれるパートナー、楽しいときは楽しみを二倍にし、悲しいときは悲しみを半分に分かち合うパートナー……。そんなパートナーとの出会いを求めて、まず、目の前にいる相手から、人づきあいを始めてみよう。

人づきあいといっても、肩ひじはって身構えることはない。背伸びして人と接していこうとするから無理が生じるのだ。目は横にあり、鼻はまっすぐになっているのが人間の顔の自然な形だ。

〔ポイント〕あるがままの顔をそのまま生かすような、そんな自然体で相手に接すると、相手の心の中にすんなり入っていかれる。

まずは肩の力を抜いて、自分を飾ったり自慢することなく、相手を知ろう。

思い立ったときが立つとき

これからの人生を輝きのあるものにするためには、ほんの少しの勇気を持って一歩を踏み出そう。思い立ったときが、一歩を踏み出すチャンスだ。何も始めなければ、何も変わらない。

楽しさは、人から与えられるものではないのだ。自分から探して見出すもの。自分から思い立って、人とたくさん出会うことを始めよう。それには、ほんの少しの勇気でいいんだ。

人と出会うことは面倒だといって、新しい出会いを避けていては、あなたの人生はつまらないままで終わってしまう。

気の合う人との出会い、人生の師匠との出会い、同じ趣味や仕事を持つ人との出会い、心疲れたときに励ましてくれる人との出会い……。その素晴らしい出会いを、面倒くさいと放棄していいのだろうか。

〔ポイント〕人生を楽しくしてくれる人と出会うために、ほんの少しの勇気を持って、こちらからチャンスの場に出かけていこう。

人生舞台の相手役を探そう

世の中は、誰に対しても公平に人生舞台を提供してくれている。その舞台で自分が主役になって、ドラマを展開させるのだ。自分でシナリオを書き、みずから演出し、自分が主役になって幕が下りるまで大熱演をして初めて拍手喝采《はくしゅかっさい》を浴びることができる。

だが、一人ではいいドラマをつくれない。多くの相手役に支えられて、初めていい舞台ができる。どんな場面でどんな相手役がベストか、あなた自身の目で選ぶのだ。こうして、あなたの人生劇団に加わった人たちは、あなたの人生舞台を支えてくれる「人間財産」になる。

〔ポイント〕だが、せっかくの人生舞台にどう対応していいのかわからず、生涯を終えていく人が多いのだ。

まずは、人生舞台の最高の相手役、人間財産を増やすことから始めよう。

あなたの人生ドラマは息のあるかぎり、幕を下ろすことのない壮大なドラマ

もしも、あなたの人生が、他人の舞台を鑑賞しているだけの人生だったら、むなしいだけではないか。一回かぎりの人生だ。あなたの人生ドラマは、息のあるかぎり幕を下ろすことのない壮大なドラマなのだ。あなたの相手役になってくれる人たちと、この壮大な舞台で大熱演を繰り広げていこう。

そのためには新しい出会いを大切にしよう。いいドラマを演じるためには、自分から電話をかけてチャンスをつくったり、積極的に触れ合う機会をつくっていこう。面倒だなんて思うのは、大間違いだ。

自分が相手とのドラマをどう演出していくのかを考えることは、どんなにか楽しいだろう。こんなやりがいのあるドラマはない。

〔ポイント〕初めて知り合った人たちとは、うまくやっていけるだろうかという不安があるだろうが、マイナス志向にならず、この人たちとドラマを演じていく楽しさを考えて、

プラス志向でいこう。

粋に生きようじゃないか

世の中には、行動がヤボ天である人と、粋《いき》に振る舞うことのできる人とがいる。ヤボ天と粋では、人とのつきあい方が大違いだ。せっかくの人生なのだから、なにごとにも粋に行動できるようにしたい。粋がってみようじゃないか。

といっても、すぐに粋が身につくわけではないが、他人に後ろ指を指されるようなヤボなことだけはするまいと、決めて生きていくだけでも違ってくる。

「粋」は「意気」に通じて気立てとか心持ちを表す。さっぱりとして嫌味のないさまで、なにより あか抜けしている。さらに、人情の機微に通じていて、物わかりのいい人間のことだ。ヤボな人というのは、まったくこの逆で、自分本位の考え方をかざして主張していくので、問題をあちこちで生じてしまう。

〔ポイント〕粋であるためには、自分の欲望にこだわってのめり込んでいってはダメだ。のめり込みの姿はどう見てもカッコいいものではない。なんとか粋にみせようと力んでいくほど逆効果になる。

他人と集うから自立できないのではない
自立のためにこそ
よき他人とつきあい、集う必要がある
活力を生むのは
他人との出会いがいちばんだ
自分に刺激を与えて
自分磨きをしようではないか

自然体こそつきあいの極意だ

年長者や社会的地位のある人に会う際は、相手の立場や肩書きを意識するので緊張するものだ。せっかく会うことができても、雰囲気に圧倒されてタテマエだけの話で終わってしまうことがある。たとえば相手に「先生！」と声をかけた瞬間に、あなたはもう生徒の立場に立っている。「先生」と呼ばれた相手は、おのずと構えた話をすることになる。あなたは、生徒になった気分で相手の話を聞く。だが、「○○サン！」と相手の姓を「サンづけ」でいうならば、地位、肩書きにこだわらない自然体のつきあいの会話に入っていかれるのだ。

会話というのは、相手が自然体で聞いてくれると、話すほうもうまく話ができるものだ。

〔ポイント〕うれしいときはうれしい表情をして聞くというように、構えずに自然体でつきあえば、相手も心を開いてくれる。

どんな場合、どんな人にも自然体で対応できるように努力すべきである。

一人でも楽しめる人は、大勢の人が寄ってくる

人づきあいがうまく、誰からも好かれ、友達を大勢持っている人がいる。いつも人に囲まれていて、とても幸せに見える。自分にはできないことなので、うらやましいかぎりだが、さて、どんな人だろうか。

意外かもしれないが、こういう人は、孤独でいることを楽しみ、一人でいることが好きな人だ。

一人でも楽しく過ごせる人と、一人だと何もできない人の違いは何だろうか。一人でも楽しめる人は、人に頼らずに生きていく自立の精神を持っている人だ。一方的に誰かに頼るのではなく、助け合いの関係を保てる人だ。

逆に、一人だと何もできない人は、依存心が強くて孤独に耐えられず、常に誰かと一緒にいなければ生きていけない。

〔ポイント〕一人の時間を楽しむ方法を知っていて、自立できる人こそが、世の中のさまざまな人ともいい関係が結べるのだ。

一人を楽しめる人は、周りの人も楽しませることができる

一人の時間を楽しむことができる人は、好奇心とエネルギーにあふれ、面白い趣味をいろいろ持っている。

だから、まわりの人を楽しませることもできる。自分の趣味や経験から得たものを、まわりの人にもプレゼントしてあげられるからだ。

だが、一人を楽しめない人は、好奇心も趣味もないので、新しい話題を提供することができない。まわりに楽しい話題を提供できない人は、些細《ささい》なことを面倒がる人だ。新聞や本を読むことを面倒に思い、町の中を歩かない。

人の話題に関心を持たず、映画やニュースも見ない。こうしたちょっとした努力を怠《おこた》っているから、まわりに提供する楽しい話題が何もない。

〔ポイント〕新聞と、話題になっている本にはかならず目を通す、という習慣をつけておこう。それだけでも、一人の時間を楽しく過ごすことができるようになる。

一人を楽しめない人は、そのうち誰からも、招かれなくなってしまうのだ。

すぐれた人物は自分ひとりで
成長できるものではないことを
知っている
人間財産の必要性に目覚めた瞬間から
本当のあなたらしい人生が
始まる

笑顔のいい人とは、また会いたくなる

人との出会いで大切なのは、第一印象であることはいうまでもない。この第一印象に欠かせないのが、笑顔の効用だ。

世の中には、いつも笑顔でニコニコしている人がいる。いわゆる〝福相〟といわれる人だ。こういう人は、誰からも好かれて人気者になれる。

こういう人のなかには、生まれながらに福相の人もいるが、多くは自分で努力をして意識してニコニコ顔をつくり、それを自然の笑顔にして身につけているのだ。相手にニコッとされて不愉快になる人などいない。

モナリザの微笑を思い浮かべてみてほしい。生まれつき、いかつい顔で、仏頂面だという人も、このモナリザの口元を真似してみてほしい。両端の口角を少し上げて「ニッ」というと、自然に口角を上げることができる。

〔ポイント〕笑顔を出し惜しみせずに、人と会うときは、モナリザの微笑を意識して笑顔を振り

まけば、相手もまたあなたに会いたくなるはずだ。

素直に笑顔で喜ぶ人を、人は歓迎する

人とのつきあいで楽しいのは、相手がうれしいときには素直に喜びの笑顔を見せてくれることではないだろうか。

うれしいときや楽しいときに、その喜びを素直に笑顔に表現しよう。

たとえば、贈り物をもらったり、食事をごちそうになったりしたときに、うれしいのか、うれしくないのかを表現せず、その贈り物や食事について自分の知識をひけらかして話をする人がいる。こういう人とは、また食事をしようという気になれないものだ。

みんなが久しぶりに出会った宴会で盛り上がっているときに、一人だけ楽しいのかつまらないのかわからない人がよくいるものだ。

〔ポイント〕うれしいとき、おいしいとき、楽しいとき、心がはずんでいるとき…、自分の気持

ちを素直に表現できる人は、見ていて気分がいい。喜びは素直に表現しよう。人が喜ぶ顔は、誰からも歓迎されるのだ。

ギブ・アンド・ギブに徹すべし

よく人間関係は「ギブ・アンド・テイク」といわれるが、私はそうではなく、「ギブ・アンド・ギブに徹していこう」といっている。人間関係の中にそろばん勘定を持ち込むと、決してうまくいかないし、長続きしないもの。

彼には五のことをしてやっているのだから、少なくとも六以上のことをやってもらわなければ割が合わない、というように、打算がはたらいていると、相手にもすぐにわかってしまうものだし、嫌われるもとになる。

つきあい上手は、常日ごろ自分のできる範囲のことを、ギブ・アンド・ギブしているのだ。どんなことでも、相手に役立ちそうなことを、与える喜びに徹している。与えられる喜びよりも、与えることができる喜びのほうが、はるかに素晴らしいことを知っているからだ。

〔ポイント〕相手から奪うことばかり考えていては、つきあいは長くは続かない。人間関係を損得で考えてはいけないのだ。

やらないで後悔するよりは、やってみたほうがよっぽどいい

あの人に会ってみたいという気持ちが湧いてきたら、その気持ちに素直にしたがって行動を起こすことである。思い切って行動を起こしたら、素晴らしい出会いができて情報のキーワードに恵まれるかもしれない。

優柔不断のままに何も行動しなかったら、何の発展もなく、悔いが残るだけだ。どんなことでもやらないで後悔するよりは、やってみたほうがよっぽどいい。

世の中で成功している人は、真剣になって相手に関心を持ち、対話を積み重ねていこうと努力してきた人だ。

人というものは、どんなささやかなことでも、人に望まれて協力するのはうれしいものだ。だから、何もはたらきかけないで後悔するのは、いちばん愚かなことだ。相手に喜びを与える行為が親近感を生み、つきあいを太くしてくれる。

〔ポイント〕求めれば、人はそれなりに返してくれる。だから、何もしないでじっとしていてはいけない。成功者の行動原則は真剣に相手に関心を持つことである。

心のこもった
ボールを投げられたら
そのまま捨てておいてはいけない
思い思われる
心のキャッチボールをしていけば
いつか人間関係の絆が
太くなっている

つやのある人生を生きよう

年を取ると、世間の人は老いて枯れるのが当たり前と思っているようだ。だが、それではいけない。いくつになってもあなたは「自分カンパニー」の経営者であるのだ。

役者には定年がない。若いときは二枚目を演じた役者が、年を取ると、年に応じて三枚目や通行人をしっかりと演じていき、誰にも成しえないゆるぎない存在感を示すように、私たちも「人生という舞台」では、定年のない役者を演じているのだ。

いくつになっても遅すぎることはない。私は、ヤボに生きない青木流の生き方として、次の三つの「青木憲法」を決めている。私がおすすめするこの憲法の条文を心にとめて、つねにつやのある人生を生きよう。

第一条　麗老＝美意識を持って格好よく生きること

第二条　ＩＮＧの人生＝進行形で何かをやり続けながら生きること

第三条　ＮＥＶＥＲ　ＴＯＯ　ＬＡＴＥ＝遅すぎることは何もない

リズムに乗ってつきあいを快適に

人間関係を広げていきたいという意欲があるなら、自分からつきあいを仕掛けていくことだ。人との出会いを常に意識して大切にしていると、チャンスはかならずやってくる。

幸運は誰にも公平に与えられているはずだ。それなのに、そのチャンスをキャッチできずに一生を終わってしまう人の、なんと多いことか。

これは、人づきあいのリズムが悪いため、せっかくの幸運を取り逃がしてしまうからだ。

出会いのチャンスがあるのに、「忙しいから」とか、「時間がない」「面倒だ」「そのうちに会いにいけばいい」などといって、会いに行こうとしないからなのだ。

幸運をつかむことが上手な人は、積極的で意欲的、人生に取り組む姿勢がきわめて前向きなのだ。

だから、人に「会いたい」という心のうずきが生じたら、そのうずきに素直にしたがって、行動にリズムをつけていくべきだ。

そして、出会った相手が味方にしていきたい人かどうかを判断するのには、ちょっとした仕掛けを試してみよう。あなたの「好意のシャワー」をたっぷりと相手に浴びせてしまうのだ。

味方を増やそうと思うなら、「好意のシャワー」をかけあっていくのが、人づきあいの基本ルールだ。その基本ルールとは、一人の人間として、総力をあげて人と対応していく姿勢を持つことだ。

人間が好きで好きでたまらないという、人間好きの情熱を持って相手に接していくことだ。

そして、相手が求めていること、望んでいることを、あなたがしてあげられるように努力するのだ。

相手が何を望んでいるのかわからないときは、自分の経験におきかえて、自分が人からされてうれしかったことを、今度はあなたがしてあげればいいのだ。

むずかしい理屈はいっさいいらない。あなたが相手を思う気持ちに素直になって行動すれば、それだけでも、人づきあいのリズムに乗って、幸運をキャッチできるようになれるのだ。

コラム・青木流・新友づくり講座

「粋な人とヤボな人の違い」を「江戸しぐさ」から見てみよう

私は、「粋」にあこがれてヤボに生きないことを、つねに提唱してきている。

では、具体的に、粋な人、ヤボな人とはどんな人のことをいうのだろうか。粋な生き方を知っていたのは江戸時代の日本人で、それが「江戸しぐさ」にあらわれている。江戸しぐさの伝承者・越川禮子さんの著書『野暮な人　イキな人』から、粋な人とヤボ天の違いを見てみよう。

・粋な人

①人間は平等。弱い人をいたわる
②約束は必ず守る
③相手の時間を大切にする
④雰囲気を読み取る六感を磨いている
⑤大人としてのつきあいができる

⑥知ったかぶりをしない
⑦対応が素早く、機転が利く
⑧相手を立ててへりくだった態度
⑨話題が豊富で教養がある
⑩金銭の損得だけで仕事をしない
⑪忙しくても他人にいわない
⑫即実行の実践主義
⑬人のいうシャレを一緒に楽しむ
⑭異質の人も受け入れる心意気
⑮人様の領分は侵さない心意気
⑯負けても次へのステップとポジティブに考える

・ヤボな人

①大きく見せようと威張り散らす

②口約束はいつ破ってもいいと思う
③相手の状況を斟酌《しんしゃく》しない時泥棒
④「あなたの目は節穴だ」といわれる
⑤行為が幼児そのものの「稚児《ちご》戻り」
⑥知ったかぶりをする「半可通」
⑦指示されたことしかしない
⑧自分の考えや評価を他人に押しつける
⑨会社以外の場所でも仕事の話をする
⑩目先の金ばかり追って商売をする
⑪他人の前で忙しさを誇示する
⑫やらないうちから「ダメだ」と否定的
⑬ダジャレに水をさす
⑭異質な人は拒否するイジメがある
⑮有無をいわせず人の領分にも侵入する

⑯勝ち負けだけがすべてと考える

２章「人づきあいが苦手」と思い込んでいるあなたへ

もっと気軽に、もっと肩の力を抜いて！
まずは声をかけてみようじゃないか

「つきあいベタ」こそ、いいつきあいができる

あなたは、自分が「つきあいベタ」で、人と会うのが苦手だと思っていないだろうか。でも、大丈夫。あなただけではない。つきあいベタで、人間関係が面倒だと思っている人というのは、けっこういるものなのだ。

だが、自分はつきあい上手で人脈が多いと思っている人というのは、えてしてひとりよがりの押しつけがましい振る舞いが多い。そのためつきあう相手は、へきえきしてしまうことが多いのだ。

逆に、つきあいベタを自認している人は、内気で人見知りであるから、慎重に丁寧に行動しようとするので、かえっていい人間関係を長続きさせていくことができるのだ。

「つきあいベタ」はあなたの長所だ。内気や人見知りは、かつては人の美徳といわれたものである。

〔ポイント〕愛想を振りまいて、無理に人に好かれようとしなくてもいい。あなたらしいひと言があれば、かえって長くつきあうことができるものだ。

人に会うのがつらいと感じる人へ

人に会うのがつらいという人は、自分が話すことに自信がなくて、何をテーマに話していいかわからない。相手と話すたびに「こんな話では、相手もつまらないだろう」と心配になるのだ。つまり、自分を常に立派に見せたいと思っている人だ。いつも自分がどのように見られているか、心配で、自分を守ることばかり考えている。

でも、あなたが楽しければ、相手だって楽しいのだ。人との会話では、何も立派な話ばかりが意味ある会話というわけではない。

大切なのは、あなたが相手と真剣につきあおうと思っているかどうかだ。大切なのは、あなたが相手の話にも興味を持って一生懸命聞こうとしているかだ。

〔ポイント〕自分を飾ろうとしたり、守ろうとしたり、コンプレックスを隠そうとしたりせずに、ありのままの自分でいいではないかと思ってみよう。そう考えられれば、気軽に人との出会いを楽しむことができるはず。

自分の殻に閉じこもるのはエゴイストだ

自分は内気で、はにかみ屋だといって、謙虚が美徳とばかりに自分からは動かずに、他人がつくってくれた交際関係に乗ろうとする人。そして努力をしようとしない人。何かというと、自分の殻に閉じこもってしまう人。

人づきあいには、お互いがわかり合おうとする努力がなければならない。それをしないで、内気だからと殻に閉じこもるのは、エゴイストだ。

自分からは何も与えない一方通行では、人間関係をつくろうにも、とっかかりが見つからない。このような人は、自分では謙虚な姿勢のつもりでも、じつは、他者の目には、貪欲なエゴイストに映っているのだ。

〔ポイント〕あなたが本気で人とつきあいたいと思い、真摯に何かを与える姿勢を打ち出せば、相手もあなたの内気な心の奥にある、まっすぐな気概をくみとってくれるはずだ。そうなれば、多少の内気など問題にならなくなるだろう。

「グチリ屋」は損をする

すぐれた人間は、どんなときでもグチや言い訳をしない。つきあいベタも、言い訳などして現実から逃避するようなことをしないで、人から好意を寄せられる技術を、ひとつでも多く身につけていくことを考えて努力すべきである。グチをいったり、言い訳をしたりして、自分をよく見せようなんていう、いやらしさが身についているようでは、ダメだ。

「内気でなければ…」

「口ベタでなければ…」などと、グチリ屋になってはダメだ。

人間は誰でもそこそこに長所があり、欠点も多い。だからこそ人づきあいが面白いのだ。欠点が個性になって成長していくから、人間は面白いのだ。

〔ポイント〕グチっても何も生まれない。自分の弱点を見つめて個性に変える努力をしよう。

誰とでも、公平につきあう必要なんてない

あなたは、誰からも好かれたい、みんなとつきあいたい、そう思っていないだろうか。多くの人は、そう思っている。

「つきあいベタ」は誰とでも公平につきあうことがベストだと思い込んでいる。

誰からも愛されたいという欲張った感情を持っているから、そんなふうに思うのだ。その欲望を捨てることから始めよう。

誰からも好かれようとして、みんなにいい顔をしていると、かえってまわりからは、八方美人だと思われるし、信用されずに嫌われることになる。

誰にでも好かれ、みんなと仲良くなるなど、まず無理なことなのだ。人間関係は不公平であっても、差し支えないのだ。好きになれない相手や、気が合わない人とは、最低限の礼儀だけ守って近よらなければいいのだ。

〔ポイント〕無理に相手に合わせていると、ストレスになって、自分も不幸になる。自分が本当

にっきあいたい人と、真剣につきあう、それが大切なのだ。

相手をけむたい人と決めつけない

よく、人生経験も浅く、それほど多くの人間を知りもしないのに、あんな人は苦手だとか嫌いだとかいう人がいる。私にいわせると、このような人はぜいたく病にかかっているとしか思えない。

誰にでも、どうにも親しめない人、なんとなくウマが合わないという相手はいるものだ。その苦手意識にとらわれていると、人生、大きなソンをする。

相手の価値観や行動の仕方が、基本的に自分と違うと考えるところからくる苦手意識は、たいていが自分のモノサシで測っていることによる。そこから相手に「偏見」をいだいてしまうのだ。

相手と自分の肌が合わない面だけを見て、その全体を判断していく錯覚が、どれほどマイナスをもたらしているかに、はやく気づくべきだ。

〔ポイント〕相手が本当に苦手なのかどうか、もう一度素直な心になって確かめてみることだ。

若いうちから「偏見」をつくってはいけない。

自己紹介は、好きな女性を口説くつもりで手抜きは禁物

人づきあいが苦手だという人のなかには、自己紹介がヘタなために、つきあいが始まる入り口あたりで、すでにもたついてしまう人が多いようだ。初対面の相手を紹介されても、黙って頭を下げているだけなのだ。これでは、あなたは相手の印象にまったく残らない。

そこで、相手が興味をいだきそうな手作りの自己紹介の仕方を工夫しよう。たとえば、自己紹介のときに、「いまこんなことを考えている青木です」というのもいい。あなたの趣味や最近取り組んでいることへの思い入れ、心に刻まれた体験や出来事などをさらりと話してあなたがどんな感性の持ち主かをさりげなくアピールするのもいい。あなたの問題意識や考えを自己紹介の言葉に入れて話せば、相手もあなたにより深い関心を持ってくれる。

〔ポイント〕あなたのいいところを相手にわかってもらうには、好きな女性を口説くように、丁

寧に、漏れのないように、手抜きは厳禁だ。

何はさておき
最初の第一歩は
あなた自身が仕掛けることが
肝心なのだ

相手に思うことの半分もいえないあなたへ

人に会うとあがってしまって、自分本来の姿を出していけない人、思っていることの半分もいえない人がいる。

こういう人は、誰でもあがるものなのだと考え、「あがるまい、あがるまい」と思わないことだ。少しくらいはあがったほうが緊張感をもち、注意深くなるから歓迎なのだ、と楽観的に考えよう。

話すのが苦手な人は、自分が話したことを相手がどう思うかが、とても気になるのだ。こんなことを話したら、相手にバカにされるのではないか、相手は不愉快になるのではないか、相手は怒ってしまうのではないか……。

そんなことが気になってしまうのだ。あなたのありのままの話で、嫌われることなどないと前向きに考えよう。

〔ポイント〕話すときは、うつむいてはダメだ。相手の目をじっと見て、アイコンタクトをとろう。自信がみなぎり、落ち着いて話せるようになるはずだ。

人に会うと、どうしても緊張するというあなたへ

人に会うと緊張するという人は、相手が自分をどう見ているか、自分に対する相手の心の変化ばかりを気にして見ているのだ。相手にどう思われるかと、ビクビクし、不安でいっぱいになる。

だから、相手のことを気づかっているようで、じつは自分のことしか考えていない自己中心的な

人なのだ。

こういう人は、自分のことばかり気にしないで、相手の行動をよく見てみよう。相手が何を望んでいるのか、察してあげられれば、緊張なんてしている暇はないはずだ。緊張してビクビクしている態度は、まわりから見ると、好感どころか、かえって不快感をいだかれてしまうだろう。

［ポイント］自分を相手によく見せようなどとばかり考えずに、相手が何を望んでいるのかに、心をくだいてほしい。

いつもオドオドしているあなたへ

人は、いつもオドオドし、萎縮している人を目にすると、かえってイライラさせられるもの。そしてますますいじめたくなって、威圧的な態度に出たくなるものだ。すると、あなたはますます自信をなくして萎縮してしまう。

あなたは一生懸命努力しているつもりなのに、なぜ自分ばかりうまくいかずに、自信を失ってしまうのだろう？　あなたの努力の方向性が間違っているではないだろうか。
そこで、こんな対処のコツを教えよう。一日にかならず三回は鏡に自分の顔を映してみよう。そして鏡を見たときに、「自分は素晴らしい」「自分は思ったことを何でもかなえられる」「だから、自信をもっていいのだ」「私は誰からも好かれている」と鏡の中の自分自身に語りかけてみよう。

〔ポイント〕鏡の自分に語りかけて自分をほめてあげるのだ。これは、自信をつけるちょっとしたコツ。

いるだけボランティア
その人がそこにいるだけで
まわりの人を盛り上げて
明るくし
安らぎを与える存在感のある人
気負わず自然体で
人々の支えとなる生き方は

心掛けしだいで、誰にでもできる

出会いの舞台は自分でプロデュースしよう

つきあいの上手下手は、人と出会う前に、どんな気配りをしているかで勝負が決まってしまうといっても過言ではない。

まず、人と会うには、その会う場所や時間帯について、相手の都合を配慮する気配りが必要なのはいうまでもない。そのうえで、場所の雰囲気まで配慮して出会いの舞台が設定できればいい。

また、初対面の人と出会うときには、どこでどういう形式で会えばよいか、うまく気配りをしよう。初対面だと緊張して、お互いの気持ちがほぐれるまでに時間がかかる。うまくほぐれるまで、手さぐりの会話が続くことになる。

すぐに、お互いに共通の話題が見つかればいいが、見つからないまま、時間ばかりがたってしまうことが多いものだ。

そうならないように、気配りしていくわけだが、出会いの舞台をスムースに展開させるためには、まずは、接する相手の情報を収集することから始めよう。

たとえば相手の出身地、学歴、趣味、家庭環境、まわりの評判など、できるだけ情報を集めてみるのだ。ささやかな情報でも、知っているのと知らないのとでは、相手に会ったときの心のゆとりがまるで違う。

会話の口火が切りやすいし、共通の接点となる話題を見つけて、相手に人間的な連帯感を抱かせることができる。

ホテル業界で人間関係の達人といわれている有名なH氏は、取引先の幹部に初めて会うときに、そこへ向かう車の中で、担当の部下からその人物についての講義を受けていくという。そうすると、共通の話題が見つかって会話がスムースに展開していくのだという。

だから、面倒くさがりやで、情報収集を怠るようでは、つきあい上手にはなれないだろう。

人づきあいは異なる文化を持った人間同士の対決であるのだから、相手に無知であることは許されないのだ。

〔ポイント〕つきあいの第一歩は、自分で出会いの舞台をプロデュースし、相手についての情報

収集から始めよう。

3章　人に好かれる「つきあい人」になろう

考えてから歩き出すよりも
歩きながら考えるほうが
知恵をつかみやすい

人間財産は銘酒のように育むもの

あなたが、ゆるぎない「人間財産」をつくりたいのであれば、お互いの心のなかに信頼と尊敬の念を抱き、相互に持ち味を評価しあう気持ちが必要だ。

いうまでもなく、人間財産は求めてすぐに手に入るものではない。銘酒のように発酵時間をかけながら育て上げていくものだ。人間財産とは、これからの時代をともに高めあい、自立して生き抜いていこうとする仲間＝パートナーブレーンのことだ。

ブレーンづくりはできるだけ早い時期にスタートしたほうがいい。出会いのチャンスは自分から仕掛けていくことだ。

〔ポイント〕仕掛け心は、日常生活のなかでも磨ける。家族や友人との食事のプラン、旅の計画をお仕着せではなく、楽しいものにしていくように工夫してみよう。仕掛けといってもおおげさなものでなく、楽しみながら実践すればいい。

自遊人になろう

「自遊人」とは、自分自身のために時間をひねり出して、遊べる心のゆとりを持っている人のことだ。そして、遊びだからこそ、まじめにやる人。

遊びも一生懸命やらなければ面白くない。遊び上手は、遊びそのものに専念しているのだ。

たとえば、気の合う仲間や趣味の仲間たちと集まって、ダベリングの会を開いて、徹底的にダベることを楽しむのもいい。

歴史研究を志す人が集まって、「歴史見てある記」などの講話を自由にするのも、面白い。知的好奇心を満たす刺激があって、「遊び」の心を持って楽しめば、お互いにプラスを得られるのだ。

〔ポイント〕心のかたい人は、「なんだ、こんなもの」といったふうに、バカにしてしまいがちだが、なんでもバカにしないで徹底的に楽しむ姿勢が、これからの人生には欠かせないのだ。

魅力的な個性は
一朝一夕にはつくれないが
そうありたいと思う心は
人に通じるものだ
心ある人は
前向きに努力している人に興味を持ち
その人と縁があることを、誇りに思うものだ

香気がふわっと漂ってくるような人間になろう

そこはかとなく、いい人間の香気がふわっと漂ってくるような人が魅力的な人間だ。
どのような人かというと、
①本業に１２０パーセント打ち込んでいる人

②いくらつきあっても、疲れない人
③いくらつきあっても、退屈しない人
④共存共栄をはかって伸びていく人
⑤度量が広い人
⑥ヒューマニティのある人

〔ポイント〕このような人になることを、めざしていこう。いくつになっても遅いということはない。心がうずいたら、すなおに対応して格好よく生きることをめざそう。

「顔」も大切な実力である

第一印象が悪いと、二度と会いたくないものである。

つまり、顔も実力の内ということなのだ。ただし、顔の美醜の問題ではなく、顔に浮かぶ表情から受ける印象の良し悪しにかかわる問題なのだ。

そこには、その人の生き方の証《あかし》が映し出されるのだ。あなたの顔は、あなたという人間の全体像をわからせていくスクリーンのようなものだ。

そこにどういう映像を反映させていくかは、あなたの心と密接な関係がある。少なくとも、ごまかしのない顔、裏のない顔をできるように心がけていくことが大切だ。

〔ポイント〕顔の表情で大事なのは、目の輝きだ。目がイキイキしている人は、まず誰からも好印象を持たれる。さらにいい笑顔ができて、胸を張って人と接することができれば、相手は申し分なくあなたの「顔」の実力を認めるだろう。

一日一回は鏡と話をしよう

つきあい上手な人は、自分との対話がうまい人のことだ。つまり自分自身にトゲトゲしい気分を抱えていたら、それを解消させ、別な自分を育て、穏やかな気もちを取り戻して人と接することができる人だ。

このように、自分の気持ちをうまく処理するためには、日ごろから、自問自答を繰り返し、精神のバランスを取ることだ。

そこで、一日に一回は、鏡に向かって話をしてみよう。

あなたは、鏡と何分楽しい話ができるだろうか。

一日に一回、自分との対話を鏡の前で繰り返してみよう。一五分間、対話ができればいい。人と会ったときも、楽に話ができるようになるだろう。

〔ポイント〕鏡に向かって自分をほめてあげるのもいい。プラスイメージをつねに持つためのレッスンになる。鏡に向かい「きょうはよく頑張ったね」「私は私が好き」と話しかけてあげよう。

親しいとは
相手に甘えることではなく
相手を思いやることだ

ムダのない人間ほど味もそっけもないものはない

人生にムダのない人ほど、温かみにかける人間はない。ムダなことをするのは、人間くさい香りを漂わせていくには不可欠だ。人間関係には知恵＝教養の深さがものをいうのだ。

ムダの累積が教養として身につくのだ。一見、ムダに見えるような場合でも、時間の許すかぎり、何にでも貪欲《どんよく》に触れてほしい。

一見、ムダと思える体験を積み上げることが、あなたの人間くさい香りづくりに役立つのだ。

たとえば、いままでやったことのないスポーツや趣味に手をだしてみよう。知人に誘われた会合に首を突っ込んでみよう。そうした体験を数多く積み上げていって、あなた自身の活性化をはかろう。

〔ポイント〕遊びを知らない人には、人生の味はわからないし、つきあっても楽しくない。人間的な幅の広さは、一見ムダに見える遊びで身につくのだ。

「経知（ケチ）人間」になろう

「経知」に生きることは、現代に最適な生き方だ。「経知」とは、モノや金を惜しむ「ケチ」ではなく、「経済の知恵」を集めたものだ。

ケチの精神を発揮すれば、その結果として、人間財産を増やす交際費が捻出できる。経知人間とは、不本意なカネは出さないが、自分が納得して使う生きたカネは惜しまない。

確固たる目的があるから、死に金を使うことをしないのである。

よりよい人間関係を手に入れるためには、そのために投資をするという考え方でいこう。一年でも数年でもいいから、ある期間かなり集中的に投資しよう。

〔ポイント〕いまが新たな人生の勝負時と判断したら、限られた収入の中からどうにかやりくりをして、いつもの交際費限度枠を思いきって拡大しよう。

必要な金や時間は、なんとしてもそれをつくりだしてみせるという意志と創意工夫がなければ生み出せないのだ。

「善魔人間」に陥ることなかれ

つきあい上手になろうとして、思いやりの「ユーイズム」を発揮するのはいいが、自分がうれしいからといって善意の押し売りはやめよう。

人の面倒を見るのが好きだからと、相手の思惑も考えずに、どんどん事をすすめてしまい、相手にありがた迷惑となってはいけない。

思いやりが相手に通じないからといって、押しつけがましい行動をとることは、断じてやめよう。

善意と親切が仇《あだ》になって、悪魔のように思われてしまう「善魔人間」にだけはなりたくないものだ。

〔ポイント〕自分では親切心から、相手を思いやってしたことでも、相手にははなはだ迷惑ということもある。自分がしたことに、相手がちっとも感謝しないからといって怒るのは筋違いだ。こちらの勝手な思いやりに、相手から見返りを期待するのは、欲張りというものだ。

ひたむきさ、素直さ
純粋さ、誠実さ
まじめさ、無邪気さ
少年のようなロマンに満ちた童心が
最高の輝き

一流といわれて成功している人たちは
それぞれに自分の身体から
エネルギーが湧き出て
人の心を揺さぶる
パワーが身についてくる
彼らはどんなことをやろうと
道はおのずから開けている

こんな嫌味な人間になっていないか？

あなたは、こんな困った人間になっていないだろうか？

ここに、できたらつきあいたくない人間のタイプの基本をあげておく。つきあいたくないタイプをあげると、それこそ、さまざまなタイプがあるだろう。そこで、ここでは、もっとも基本のタイプをあげたので、自分自身を振り返りつつ、検証してみてほしい。

①自己陶酔型

人づきあいのなかでも、自分の話だけに酔って独演してしまうタイプ。その場の雰囲気をわきまえずに、滔々《とうとう》と自分の考えだけを演説する。

②打算型

自分が得をすることしか考えていないタイプである。自分の都合に合わせて人も動かそうとする。

つきあう人も、利用されてたまるかと、アレルギーを起こしてしまう。

③逃避型

ひたすら現場から逃げ出すことばかり求めているタイプ。仕事や人生に対して明確な目的意識がなく、「逃げ」の姿勢にある人とのつきあいは、人間交流の次元が低くなってしまう。

④郷愁型

郷愁にひたり過去に生きているタイプ。昔を懐かしむのは悪いことではないが、後ろを振りかえってばかりでは、すべてが後ろ向き思考になってしまう。

⑤陰険型

暗くて、険悪な人とつきあっていると、楽しいことや明るいことが逃げていってしまうような気になってくる。幸運にも見放されてしまいそうだ。あまり近寄りたくないタイプの典型。

4章　人づきあいで困ったときにこのちょっとした秘訣を

「できないことはできない」

でいいんだ！

頼まれたことが断れなくて困ったときは？

人づきあいで頭を悩ませることの一つに、頼まれたことを断らなければならないということがある。できることなら、「ハイよ！」と引き受けてあげたいと思っても、そうはいかない事情がある。でも、気が弱いときっぱりと依頼を断ることができず、引き受けてしまい、後になってやっぱり自分には無理だとわかって、あらためて相手に断らざるをえなくなる。どうせ断るなら、はじめから断ればよかったものを、時間がたつほど辛い思いをすることになる。

〔ポイント〕断り上手になるために、「ノー」といえる六分の勇気と、四分の知恵を持とう。相手によく思われたいという気持ちが根底にあるので、人から頼まれると「ノー」といえなくなってしまうのだ。だが、できないことは、できないでいいんだ。そこを早く相手に教えてあげるほうが、本当の親切である。

人づきあいの壁にぶち当たったときは？

いくら努力しても上司に認められない、みんなから好かれていると思っていたのにそうではなかった、誰からも信頼されない……。人間関係の壁にぶち当たって、逃げ出したくなっているあなた。スランプから逃げてはいけない。逃げるからスランプになるのだ。ちょっと大きな壁にぶち当たったりすると、及び腰になって逃げようとする人は、いつか厳しいツケをその後の人生で払わされることになる。

自分が主役の人生から逃げてはいけない。逃げようとして、みずからスランプを招いている人が多いのだ。

〔ポイント〕みずから作り出したスランプの壁は、かならず突破できるものなのだ。この壁を何とかして突破してやろうとファイトを燃やしてあきらめずに努力しているうちに、おのずと力がついてくる。

会社で孤立して追いつめられたときは？

あなたがもし、会社や組織のなかで、孤立して追いつめられていったとしたら、乗り越えるためには、とても長い時間とそれに耐えるエネルギーが必要になる。

病気、リストラ、失脚、人間関係などのさまざまなピンチには、相当の反発エネルギーがいる。これはまさに孤独な自分との戦いである。

こんなときは、五年後、一〇年後にはこうありたいという、前向きなビジョンを打ち出そう。病気などで一年や二年遅れたところで、そのブランクは、人生全体から見れば、なんでもないことだ。

「この世でもっとも強い人間は、いつも一人で立っている人だ」というイプセンの言葉もある。

〔ポイント〕逆境というマイナス環境をプラスに転換させるために、あなたなりの気概を持とう。起きてしまったことがいまはよくなくても、かならずよい結果になると、自分を信じて、ありのままに前向きに生きていけばいいのだ。

苦手な人とつきあわねばならないときは？

誰にでも苦手な相手というのはいるものだ。お笑いで有名な吉本興業の東京本社の代表者だって、苦手な人がいっぱいだといっている。苦手な人とつきあうのはとても気が重い。それを克服するには、どうしたらいいだろう？

よくいわれることは、「心を開いて偏見をなくせ」「相手の長所を見つけて接触しろ」などという方法だ。だが、苦手なものは無理をしても疲れ果てるだけだ。

そこで、私は、「苦手な相手には、開き直ってしまう」ことをおすすめする。苦手な相手とつきあうときは、ジタバタしてもはじまらない。

相手からどう思われようと、迷惑をかけなければよいと、開き直ってしまうのも、一つの手だ。そうすればマイペースで行動しやすくなる。

〔ポイント〕苦手な相手にこだわるよりも、一人でも多くのよいパートナーを見出すことに、エネルギーを使ったほうがはるかにいい。一人でも多くの気の合う仲間をつくること

に力を注ごう。

言葉の杖を持とう。これは
厄介な試練にぶつかったときに
くじけないように
しっかり支えてくれる言葉のこと
人生の大事な師匠であり
生きる指針となる言葉だ
そんな言葉のいくつかを
心に刻んでおこう

マイナス志向にとらわれてしまったら？

世の中には、つねに一つのことを、ああでもないこうでもないと心配している人がいる。実際に起きてもいないことを、あれこれと考えすぎる人がいる。

考えすぎたところで、いい結果は生まれない。

たとえば、こういう人は、まわりの人がヒソヒソ話をしていると、「自分の悪口をいっている」と思い込んでしまうのだ。上司が書類を見ながらむずかしい顔をしていると、自分が提出した報告書にミスがあったのかと、悩んでしまう。

人生でいつもマイナス志向をする人は、まわりからも嫌がられ、結局は孤独におちいることになる。

［ポイント］考えたってどうにもならないことだってある。考えすぎてマイナス志向にとらわれるのだったら、起きていないことを考えるのはやめにしよう。そして本でも漫画でもお笑い番組でもいい。何か笑えるモノにふれて笑ってみよう。

人に軽蔑されたくないと思ったときは？

人とつきあうときに、よく思われたい、立派な人間だとほめられたい、優れた人だと尊敬されたい……と思う人は多いことだろう。だが、ふつうは、人間なんて欠点だらけで、だめなところばかりなのだ。そんなだめな部分を隠して「よく見せよう」としたって結局は上げ底を見られる。「立派な人間でないと軽蔑される」と思って、自分を立派に見せようとしたって、かえってボロが出るだけだ。「完璧に見せよう」と必死になって、他人には弱点を隠そうとする。だが、とりつくろってばかりいると、かえって上げ底なのがすぐにわかってしまうのだ。

〔ポイント〕だから、最初から無理をしないで、ありのままの自分を相手に見せておけばいい。背伸びはやめ、自然体でつきあうことだ。完璧でスキがまったくない人より、少しはスキがあって失敗も隠さない人のほうが、まわりの人からは好かれるのだ。

底の底まで自分を落としてみると
おのずと周囲が見えはじめ
虚栄心、自尊心といった
雑念から解放され
つまらぬ未練が消えていく

叱られて落ち込んだときは？

叱られ上手が愛される。叱られて落ち込んだ経験は、誰にでもあるだろう。仕事上に失敗はつきものだ。失敗を恐れていては、何も生まれない。失敗したら、決して言い訳はしてはいけない。すぐに丁寧にあやまって、自己申告してしまうことだ。「失敗するから成長する」と、前向きに考えて、上司の叱責を受ける素直さが、かえって信頼感を生むこともある。叱られたら、ふてくされたり、反抗的な態度をとらず、気持ちをサッと切り替えて、失敗をプラスに結びつけていく前向きな態度が、誰からも好感を持たれるのだ。

〔ポイント〕叱られることを恐れて、失敗を隠そうとしてはいけない。まず、自己申告をして、今後の対処法を考え、二度と失敗しない決意を明らかにすれば、よい方向にすすんでいくものだ。

人に会うとイライラしてしまうときは？

このごろなぜか、人に会うとイライラするばかりだ、誰も自分が思っていることを理解してくれない、そんな思いにとらわれることはないだろうか。

つまり、相手に期待しすぎて、相手が自分の思うように行動してくれないと、イライラが始まるのだ。

あなたは、人を思い通りにしようとして、子どものようにわがままになっているのだ。イライラは、一見、自分のことを怒っているようでいて、じつは、自分の願いを聞いてくれない相手に対して不満や怒りをぶちまけているのである。

人と会ってイライラしたら、相手に多くを望みすぎないことだ。相手にばかり依存せずに、自分にできることを探してみよう。

〔ポイント〕目の前にある些細なことから、自分でやる努力をしてみよう。それから、相手の言うことを、すなおな気持ちで受け入れてみよう。イライラは、人に向けてはならない。

人から誤解を受けてしまったときは？

思いがけないことで人から誤解を受けることは、誰にもある。そんなときは、ウジウジ悩んでいてはだめだ。相手の悪口をいってばかりいても、解決はしない。

すぐに、当人と向かい会って話し合うことだ。そして、すぐに誤解を解くことが先決である。

そうしないと、お互いの関係が気まずくなり、雑草が繁殖することになる。

また、ビジネス社会でよくあるのは、あなたが気づかずに用いた言葉や振る舞いが誤解されて、ねたみ、そねみ、中傷を招いてしまうことだ。〝出る杭は打たれる〟というケースである。

〔ポイント〕こんなときは、あなたの態度に思い上がったところがなかったか、すなおに反省し、謙虚な姿勢に徹することが必要だ。そして後は、時間が誤解を風化してくれるまで、耐えて待つことが最高の処方箋である。

コラム・青木流・新友づくり講座

好感度を高める一〇のポイント

新友をつくるには、まず、自分自身に相手を惹きつける魅力が必要だ。あなたは、人を惹きつけることができる好感度人間だろうか？

好感度人間かどうかを、次のチェックポイントでチェックしてみよう。

①エネルギッシュだ。　②食べ物に好き嫌いがない。　③よくしゃべる。　④人と会うとき姿勢

がいい。⑤笑顔がいい。⑥目がイキイキと輝いている。⑦話題が豊富。⑧服装がこざっぱりしている。⑨チャレンジ精神がある。⑩物事に真剣に取り組むエネルギーを持っている。

いかがだろう？　当てはまる項目が五つ以上あれば、あなたは人から好かれる好感度人間といえる。あと、もう一つ、つけ加えると、夢を持っていること。これらの項目が当てはまるように、何歳になってもチャレンジしてほしい。

5章　いい人間関係をつくる話し方

よい種をよい時期に心をこめて蒔いておくと
大きな花を咲かせる楽しみがある

相手の長所を見つけて話せば笑顔になる

誰かに会って話をするとき、「ああ、面倒だな」と思うことがあるかもしれない。でも「出会い」は縁だ。縁がなければ一生に一度も出会うことがなかったかもしれない。人との「出会い」には感謝しなければならない。

出会う相手に好意と関心を持ち、相手の長所を見つけるようにして話せば、笑顔が生まれて楽しく話せる。

相手がどんないいものを持っているのか、貪欲になって引き出そうとするのだ。どうせ話をするなら、楽しく明るく話そう。暗くボソボソと低音で話したのでは、ダメだ。

会話のコツ①相手の長所を見つけよう
会話のコツ②笑顔で話そう
会話のコツ③暗くボソボソと話さない

こんな言葉は使いたくない

人との出会いを盛り上げる会話で、相手から聞きたくない言葉、自分からもいいたくない言葉がある。否定語だ。

「いやです」「できません」「わかりません」「知りません」

このような否定語は、ビジネスではもちろん使ってはならないが、プライベートでも使わないにこしたことはない。

優秀な営業マンは、決してこのような否定語は使わない。客に頼まれたことが難しいことであっても、いきなり「できません」とはいわない。こういわれた客は、ピシャッと拒絶された気分になってしまう。できなくても、「努力してみます」「難しいかもしれませんが、一生懸命やってみます」と、プラスの言葉を使うのだ。プライベートでも同様である。

会話のコツ①否定語は使わない

会話のコツ②プラスの言葉にいいかえよう

抑揚をつけて元気に話す

話をしていて、また会いたくなる楽しい人というのは、例外なく明るい話し方ができる人だ。日本人には、一本調子で平板に話す人が多い。もともと、男はおしゃべりではなく、黙っているのが良しとされてきたからだろうが、いまは、そんなことをいっていては、人づきあいはできなくなる。

しゃべるときに、意識して音程を変えたり、高音、中音、低音を調節して抑揚《よくよう》をつけてみよう。声の調子が一本調子でなくなるだけで、驚くほど明るい雰囲気になり、人に好感を与えられる。

会話のコツ①一本調子で話さない

会話のコツ②抑揚をつけて話そう

クッション言葉を覚えておく

人と話をするときに、覚えておきたい素敵な言葉がある。「クッション言葉」だ。ビジネスシーンでは、この言葉を覚えることは当たり前になってきたが、プライベートの人づきあいでも、どんどん活用しよう。

会話にこのクッション言葉をはさむと、相手への心遣いをあらわすことができ、ソフトな表現になる。この言葉がいえると、あなたの印象は、とても柔らかでさわやかなものになり、好感度がアップする。それでいて、話の内容ははっきりと相手に伝えることができるのだ。

クッション言葉①恐れ入りますが…
クッション言葉②お差し支えなければ
クッション言葉③ご面倒ですが
クッション言葉④お言葉を返すようですが
クッション言葉⑤お忙しいにもかかわらず

自分の得意の話を持っていよう

話題が豊富で楽しい人というのは、誰からも好かれるし、また何度でも会いたくなるものだ。だが、新しい話題をつねに仕入れていなければならないのは、なかなかしんどいことだと思うだろう。そんなことはない。なんでもいい。自分らしさが出せる話をいつも心の中にストックしておこう。趣味の話でも読んで感動した小説の話、旅先での出来事でもいい。三分間の話にまとめてみて、まずは自分自身に話して練習してみよう。それからは、いつも自分の得意の話を持ち、相手にサービスするつもりで、話すのだ。

会話のコツ①三分間の話をつくってみる
会話のコツ②自分自身に話してみる
会話のコツ③相手にサービスするつもりで話す

気がきいたセリフがいえるか

人と会って別れるときに、ただ、「さようなら」「ではまた…」では、あまりにもそっけない。別れるときの名残《なごり》おしい気持ちを、相手に印象づけるような、気のきいたセリフがいえたら、あなたも人づきあいの達人だ。

たとえば、電車のホームで別れる際には、電車がなかなかこなかったら、「電車も名残おしいようですよ」などという気のきいたセリフがいえるといい。

また、「失礼します。雨が降りそうですから、気をつけてお帰りください」などの気遣いをこめたひと言でも相手にとっては、うれしいもの。

朝の挨拶でも「おはようございます」のあとに、「きょうのネクタイ素敵なデザインですね」という気のきいたひと言がいえると、あなたの好感度はグンとアップする。要は、ほんのちょっとした気配りなのだ。

会話のコツ①挨拶の後に気のきいたひと言を

言葉遣いは円く、しかも歯切れよく

一見、話し上手に見える人でも、言葉遣いにけじめがなく鈍感であれば、なまじおしゃべりがうまいだけに、いっそう失敗する確率が高いものだ。

たとえば入試に失敗した子供を持つ親に向かって、自分の子供が成績がいいことを自慢したら、相手に不快感を与えてしまうだろう。相手の気持ちを敏感にキャッチして、無神経でがさつな言葉をつかわないことである。

口ベタであっても言葉遣いに細心であれば、話し上手に劣らぬ効果をあげることができるものだ。こういう人は、歯切れのいい調子で率直にしゃべりながら、相手に対する礼儀も忘れない人でもある。

会話のコツ①相手の気持ちに敏感になれ
会話のコツ②歯切れのいい調子で率直に話せ

挨拶は自然にやろう

人間関係というのは、当たり前のことを当たり前に実行していれば、そうまずくはならないものだ。毎日の挨拶などは、その基本的行動の一つだろう。

「おはよう」「こんにちは」「ありがとう」「さようなら」といった四つの挨拶が、明るくきちんとできる人なら、相手に嫌われるようなことはない。挨拶言葉がすなおに口から出るようなマナーを大事にする心を持っているからだ。

挨拶のトーンには、その人のその時の心情が見事に反映されている。だから、声にも表情があるのである。明るい気分でいるときは、声の調子にも張りがある。暗い声で挨拶する人がいるが、こちらまで暗い気分になってしまう。

だから、「たかが挨拶じゃないか」などと軽く考えてはいけない。挨拶一つでも、ハツラツとした気分で自然にやろう。

会話のコツ①毎日の挨拶は会話の基本だ

会話のコツ②挨拶はハツラツとした気分で

自分の言葉でわかりやすく話すのが一番だ

もしもあなたの会話の中身がいつも週刊誌的な話やゴルフ、マージャンばかりでは嘆かわしい。会話の中には、あなた独自の持ち味であるサムシング・ワンが欲しいのだ。

でも、知ったかぶりをして間違った知識をひけらかしていくのも恥ずかしい。一番確かな表現の仕方は、自分の目で見たことを、自分の頭で考えて自分の言葉で相手にわかりやすくいうことだ。

「いったいこの人は何をいいたいのだ」と思わせるような人が世の中にはいるけれど、くどくどと前置きばかりが長く、肝心のところがなかなか出てこないのだ。話のポイントを一つにしぼって、結論を早くいうことだ。相手にわかりやすく話すことが肝心である。

会話のコツ①話のポイントを一つにしぼろう

会話のコツ②前置きがくどくどと長いのはダメだ

人に好かれる人は断り方がうまい

たとえば、あなたが人に何かを頼んだときに、「忙しくてできない」「やりたくない」といわれたら、どう感じるだろう。仕事などを断るときは、きっぱりと断りの言葉は述べるべきなのだが、この言葉では、あまりにも、そっけなくて、二度と頼む気がしなくなってしまう。

こんなときは、まず、「お声をかけてくださり、ありがとうございます」のお礼の言葉をひと言述べよう。その後で、はっきりと断りの言葉を述べるのだ。

また、本当に忙しいのであっても、「忙しくてダメだ」では、忙しいことを自慢しているようでヤボな言葉だ。こんなときに、「私の影武者が一人いればできるんだが…」などとユーモアを交えて断ったら、相手も思わず笑ってくれるだろう。

会話のコツ①断るときは、まずはお礼の言葉から

会話のコツ②人に好かれる断り方にはユーモアを

コラム・青木流・新友づくり講座

「江戸しぐさ」に学ぶ挨拶の心

「江戸しぐさ」は、江戸時代の商人たちが身につけていた心得と知恵で、共によりよく生きるために庶民にも広まり、みなが実践したマナーである。いまの日本人が失いつつある、人づきあいには欠かせない大切な心得なので、ここで江戸庶民の美しい心を学んでみよう。

●会釈のまなざし

会釈は、人と人がすれ違いに交わす思いやりのしぐさだ。知った者同士がすれ違うときは無論のこと、知らない者同士がすれ違うときも、江戸の人は思いやりの目つきで会釈を交わした。現代人も見習いたい。

●うかつあやまり

たとえば江戸の人は、足を踏まれたとき、踏んだほうはもちろん謝り、踏まれたほうも「うかつでした」と謝った。足を踏まれそうな気配を察知して避けられなかった自分の「うかつ」も、江戸人は謝ったのだ。口論や喧嘩を避けるための、思いやりのある知恵だ。踏んだ、踏まないで口論することは、江戸の人が一番嫌ったヤボなことなのだ。現代人は電車の座席に座って足を前に平気で投げ出し、踏まれたら、大喧嘩になる。反省したい。

●有り難うしぐさ

「ありがとう」は漢字で「有り難う」と書く。「あまた有る店の中で、ようこそ私の店へご足労いただいた。お礼申し上げる」という意味だ。「よく有ることでない」という江戸商人の感謝の心が示されている。現代は「ありがとう」のひと言がいえない子供や若者が急増している。親がきちんと教えないからだ。

●世辞がいえて一人前

「こんにちは」の後に挨拶言葉がいえるかどうかは、江戸商人にとっては大事なことだ。「世辞」とはおべんちゃらをいうことではなく、つきあい上の思いやりの言葉なのだ。「こんにちは」といった後に、「きょうはあいにくと雨になりましたね」とつづけ、「お母さんの具合はいかがですか」と相手を思いやるのだ。

6章　人づきあいで「自分維新」をしよう

人間の価値とは、
ふたたび訪れたくなる
よい席と同じ

人づきあいは「随縁」から始めよう

もし、あなたに「親友」と呼べるような人がひとりもいないとしても、嘆くことはない。日本のビジネスマンの多くはそうなのだ。

まずは、手近な縁から探っていくのがよいだろう。仏教の教えに「随縁《ずいえん》」という言葉がある。「縁に随って物事が起こる」という意味である。人知では測りがたいご縁を大事にしなさいという教えが込められている。この縁を手繰り寄せ、出会いや再会に結びつけて育てていくのもよい方法だ。

その縁には次の五つがある。

血縁、地縁、学縁、社縁、楽縁。血縁は、親兄弟、親戚を媒介とした人間関係だ。地縁は同郷の人々だ。学縁は出身学校の縁。社縁は社会に出てからの仕事上で知りえた人間関係だ。楽縁は趣味や遊び、各種サークルを通しての人間関係である。まずは、ここから始めよう。

つきあいのコツ①血縁、地縁、学縁、社縁、楽縁をたぐってみる

つきあいのコツ②縁を頼って労を惜しむな

カッコ悪いと思うと本当にカッコ悪くなる

あなたは、友人に笑われたら、好きな女性に嫌われたら、職場で上司に叱られたら……、などと気に病んで引っ込み思案になっていないだろうか。

カッコ悪いと思い悩んでいないだろうか。そんなことで悩み続けていたら、本当にカッコ悪いことになってしまう。

カッコ悪さを、人間がひとまわり大きくなるためのチャンスに、うまく活用してみたらどうだ。照れずに堂々と「ラブ・ミー・コール」をするのだ。たとえば、学縁につながる交友関係を洗い直してみて、つきあいを求めていくのだ。しばらく会ってない人につきあいを求めるのは少しばかり勇気が必要だが、カッコ悪いと思わずに堂々とラブ・ミー・コールをしよう。

つきあいのコツ①会いたいと思ったら、すなおに会おう

つきあいのコツ②照れずに堂々とラブ・ミー・コールを

「自分白書」をつくろう

現実の人生に対処していくためには、自分の骨格をなすものがなんであるか、はっきりと把握しておく必要がある。

そんなわが身を見直すために、あなたに、「自分白書」をつくってみることをおすすめしたい。これは、いわば「自分資産の棚卸し」をするのだ。自分資産には、マイホーム、預貯金などの有形財産と、文化、教養、人間らしい魅力といった無形財産とがある。

無形財産をきちんと棚卸しすることが、定年後の自分像につながる。あなたの人となりのなかで、人にほめられた実績があるのは、どういうところだろうか。

人より得意だという自負、夢中になれそうなものは何か。

もし、自分に名刺や肩書きがなかったら、他人はどのように評価するだろうか。さまざまな角度から自分を見直し、広く同世代の人と比べながら認識していくのである。

このように定型の履歴書には書き表すことができない余白の部分を、これまでの体験から判断して、できるかぎり洗い出す。

そうして知りえた自分のセールスポイントを、どのように組み合わせていくかで、将来こうありたいとめざす人生目標がはっきりとしてくるのだ。

「これが自分だ。これ以上何もない」という原点がわかれば、あとはそこから出発していくのみだ。自分を知れば、自己成長のためにいったい何を補い、誰を仲間にしていけばよいのか、その対象が鮮やかに見えてくる。

逆境にぶち当たっても、それを跳ね返す復元力が身についてくる。

自分を知れば、自分が成長するためにはいったい何を補い、誰を仲間にしていけばよいのか、その対象が鮮やかに見えてくる。

このように、いつも「自分白書」を念頭におきながら、その効用を、自己改革作戦の指針とすれば、おのずと自信もついてくるものだ。

つきあいのコツ①自分のセールスポイントを知ること
つきあいのコツ②自分が人より得意なものは何か
つきあいのコツ③自己を知れば誰を仲間にするかが見えてくる

これからは「他己啓発」だ

人間は、一人ではたいしたことはできない。一人で自己啓発に努めるには限界がある。最初は大層な意気込みで事を始めた人が、一人でがんばり続けた結果、どこかでエネルギー切れを起こして挫折してしまう例が本当に多い。

そこで、他人との出会いによって自分に刺激を与え、ヤル気を引き出す活力を生む「他己啓発」を仕掛けることだ。

自分と同じような志を持った人、自分にない持ち味を持つすぐれた人物に、次から次へと遭遇していく過程で、豊かな付加価値をわが身につけていくことができる。そうして出会った人々は、あなたにとって励ましあえる仲間であり、刺激を与えてくれるライバルであり、新しい知恵を授けてくれる師なのだ。あなたの人生を素晴らしいものにしてくれる「人間財産」になるのだ。

つきあいのコツ①一人では大層なことはできないことを知る

つきあいのコツ②ヤル気を引き出してくれる仲間をつくろう

我慢ばかりしていると、やがてはつぶれてしまう

「人に好かれるため」に我慢ばかり続けていたら、いつかは自分がつぶれてしまうだろう。自分の感情を上手に調整して、常に穏やかな平常心を保つことができる人は、そうそういない。だれにでも、この世に生きている以上、悩みもあればストレスもある。ときには怒りが爆発することもあるし、激しく泣くこともある。

どんな状況でも、常にゆったりと穏やかな人は、多くの人から好かれるに違いない。だが、どんなに腹がたってもぐっとこらえ、不安や悩みも処理し、常にニコニコしているなんて、不自然だ、やがては無理が高じて疲れ、つぶれてしまいかねない。我慢しないで、ときには、自分なりのストレスの発散方法を考えよう。

つきあいのコツ①我慢ばかりするな

つきあいのコツ②人に迷惑をかけないストレス発散法を知る

親しい人ほど嫉妬する

あなたの親しい人に、大きな幸運が訪れたとき、心から「おめでとう」がいえるだろうか。

心から祝福できて、いままでと同じようにつきあうことができれば、あなたは粋な人である。

たとえば、親しい人が大変な賞を受賞したとか、思いもよらないほどの出世をしたとかしたとき、多くの人は、うらやましさと、嫉妬の念にかられるはずだ。

嫉妬の感情ほど厄介なものはない。

「どうしてあいつだけが幸運に恵まれるのだ」と複雑な気持ちでそのうち、つきあうのもイヤになってくることがある。

こうした嫉妬は、人間である以上は、しかたがないが、人は人、自分は自分と思って、嫉妬にがんじがらめにならないように対処しよう。

どうしようもないときは、無理してつきあわずに、心が落ち着いてからまた、つきあうようにしよう。

一人の人間が生涯の間に
この地球上で触れ合うことのできる
人間の数などたかが知れている
その縁のあることを
最上のものとして大切にしよう

自らを変える「自分維新」の行動がときには必要である

世の中には、つまらない自尊心にこだわって、自分自身を生かしきれない人がいかに多いことか。しっかりと気持ちができていれば、「今は、芝居の中の一つの役割を演じているにすぎない」と割り切れる。

ときには、自尊心など捨てて、自分を変えてみることも必要だ。人生は現在という瞬間の累積である。

あなたにとっての幸福のイメージを、ありありと描いて、小さな幸福を積み上げることで、初めて生涯の大きな幸福につなげることができるのだ。

つきあいのコツ①自尊心など捨てよう

つきあいのコツ②自分を変えることも必要だ

人生航路をスマートに楽しむためには
背負っていく荷物が少ないほうがよい
よけいな荷物を減らしたほうが
身体にも心の健康にもよい
必要なときにはいつでも
キッパリその厄介な荷物を
放り出せる心がまえを持つことが肝心だ

十一の袋を持とう

十一という漢字は士（サムライ）という字になる。

会社においても、社会においても、サムライと言われるような存在感のある人は、みな、十一の袋を持っている。

十一の袋を「心」におきかえると「志」という字になる。志を持った人が、いい香りを持っている。

十一の袋とは、胃袋、お袋、給料袋、堪忍袋、手袋、知恵袋、お守り袋、匂い袋、状袋、福袋、大入り袋である。

この袋を、救急箱の常備薬のようにいつでも自分の胸において、人脈づくりの上での応急処置や対処療法に活用するのだ。

志を持って幸福に貪欲になれば、人生に対しても貪欲になり、人生に対して貪欲であれば、仕事に対しても貪欲になれる。

つきあいのコツ①十一の志を持とう

つきあいのコツ②人脈づくりに十一の志を活かそう

思い通りに生きてみたいと思うなら
すべてに対して自分から仕掛ける
積極さが必要だ
何事にも好奇心を抱いて
積極的に取り組む姿勢を持とう
「新しい人づきあいなんて面倒くさい」
なんていう人には幸運はやってこない

五年後、一〇年後のビジョンを打ち出せ

あなたがもしも孤立してしまう状況に追い込まれたら、そのピンチを乗り切るだけのエネルギーを生み出すことはできるだろうか。

ビジネス社会で追いつめられていくのは、たいへんな長さの時間とエネルギーを要することなのだ。病気、左遷、倒産、リストラ、失敗……といった、さまざまなピンチを乗り切るのは、孤独な自分との戦いである。

たとえば、私の知人の話をしよう。

T氏は、ある大手食品会社の専務である。彼は病弱だったため、同期生より四年ものハンディがあった。そのため、地方の営業所まわりが多くなり、本社に戻ったのは、まわりの同期生たちが本社勤めを長くこなして、みな出世したあとだった。

それからは、毎日があせり、不安、焦燥感、疎外感、孤独との戦いであった。それらを払いのけるために、ひたすら仕事に打ち込むしかなかった。その結果、極限状態を乗り越えるために、「自己

の良心に従ってわが道をゆく」ことを心の支えにしたという。

それが彼を大きく成長させたのだ。五年後には、彼は同期生を追い抜いて、部長にまで出世したのだ。

何も、昇進することがビジネスマンのすべてではないが、T氏は、出世しただけでなく、部下からは、どんなピンチにあっても逃げずに何事にも全力でぶつかる信頼できる上司としてしたわれ、上司からは、頼れる部下として大事にされるようになっていったのだ。

三、四年の遅れなどは、人生をトータルで見ればなんでもないことだ。何よりよかったのは、人生の収支決算書をつくるのは早すぎると、自覚できたことである。人は孤立すると何をやっても不満と挫折感を抱きやすい。ますますみずからを追い込む悪循環を招いてしまう。

この悪循環を断ち切るためには、五年後、一〇年後にはこうありたいというビジョンを設定し、それに向かって自分との戦いを始めなくてはならないのだ。

つきあいのコツ①孤独な自分との戦いに耐える

つきあいのコツ②前向きなビジョンに向かって努力する

7章　つきあいを粋に持続させるには

とにかく大切なのは「人」！

業種別グループづくりが面白い

人脈を求める意欲が強いならば、すぐに行動を起こすべきだ。そのスタートは、学友のなかから人脈につながる縁＝学縁をさがしてみることにしたらいい。

学縁につながる人たちは、少年期あるいは青春という人格形成期や多感な年代を同じ学び舎で送ったという共有の原点があるから、連帯感をもちあわせているものだ。学友のなかから、交友関係の洗い直しをしてみよう。

それと同時に、同窓生の業種別グループづくりを進めてみよう。あなたと面識のある先輩や後輩のなかから、同業者仲間を選び出してグループの核づくりをしていこう。そこで軌道にのったら、他業界の同窓生グループづくりをしかけていくようにするとよい。

つきあいのコツ①交友関係を洗い直そう
つきあいのコツ②同窓生の業種別グループづくりをする
つきあいのコツ③他業界の同窓生グループづくりをする

パーティーや会合に出てキー・パーソンをマークする

ビジネスマンはもとより、そうでない人も、まずは〝町に出よう〟をモットーにしよう。現場に出ていって、目新しい事物や人に触れ合っていくことが大切だ。

そこで、あちこちで開かれているパーティーや会合に出ていくことをすすめる。情報をもつビジネスマンは、社外の横歩きがたいへんにうまい。同窓会、各種パーティー、勉強会などにこまめに顔を出して多くの人に触れ合えることに大きな楽しみを見出しているようだ。

そして、会合や勉強会に出たら、一人でもいいから、自分の味方にしたいキー・パーソン（重要人物）をマークしていこう。その人と五分でも一〇分でもいいから会話を交わすように努め、相手の心にくさびを打ち込んでおこう。

つきあいのコツ①まず、〝町に出よう〟をモットーにする

つきあいのコツ②会合ではキー・パーソンを見つけて話をする

世話役を積極的に引き受けよう

あなたはこれまで、会合やグループの幹事役、世話役を引き受けたことがあるだろうか？　もしもなければ、早い機会に小さな会合でよいから、みずから音頭をとってしかけてみることをおすすめしたい。

自分で積極的に企画を立てるのもよし、他人から頼まれて引き受けるのでもいい。世話役のような役割で協力すると、つきあいを広げていくのに、たいへん役立つエキスを身につけることができるものだ。

世話役を引き受けることになったら、心構えとして、黒子に徹することだ。黒子に徹してグループの成長のための支えになりきることが大切だ。グループが伸びれば、自分も成長するという考えに立ってほしい。そして、どんな協力をするのでも、人のために犠牲になっていると、自分では決して思わないことだ。

つきあいのコツ①世話役を引き受けたら黒子に徹する

交流会に参加しよう

いま、世間にはさまざまな交流会が催されている。異なる職種の人が集まる異業種交流会や、同じ趣味を有する人の会、ボランティアや社会活動のためのＮＰＯなど、じつにバラエティに富んでいる。

交流会でさまざまな分野の人々と出会うと、彼らのエネルギーに刺激されて、自分も頑張ろうという気持ちが沸いてくる。ただ、漠然と参加してもムダになることがある。そこで、交流会には知的おみやげを用意して参加しよう。あなたも会合で何かを語り情報というおみやげを提供できるようにしたい。

あなたにない「持ち味」の人物を探しだそう。自分に欠けている英知を持った人と接していこう。まずは、あなたから心を開き、相手を信用して応対すべきだ。

つきあいのコツ①知的おみやげを持っていく

つきあいのコツ②あなたにない英知を持った人と接しよう

交流会でのふるまい方は？

＊能ある鷹はツメを隠すな

出番のチャンスをうまくつかんで、自分の存在感を示すタイミングを逃さないこと。知的デモンストレーションを仕掛ける積極姿勢が大切。

＊ヒトを読んで発想の核づくりを

人に会ってその人のキーワードをしっかり読み取ること。経験豊かな生身の人間から伝わってくるヒューマンインパクトは、あなたに大きな刺激を与えてくれる。

＊連想ゲームで二倍のヒントを

ヒントとしてつかんだものは、自分の生活行動に、取り入れられないかを考えるクセをつけよう。

このとき、楽しんで連想ゲームをする感覚でしないと面倒になって長続きしなくなる。

自分流の「会」をつくろう

人づきあいを拡大していきたいという意欲のある人であれば、自分流の会をつくってみよう。同じ趣味を持つ人同士が集まって有意義な会話をしたい、自分もそこに参加したいと思ったら、すぐにでも、気軽な飲み会やレクリエーションなどを催して、あなたを介した人づきあいの輪を広げてみよう。

まずは、気の合う仲間との「ダベリングコンパ」から始めよう。ダベルことは知的感覚を養うのにとても役にたつ。

たとえば飲み会の冒頭で参加者が三分ずつ最近あった出来事や見聞きしたいい話を語る「三分会」など、興味深い会になるだろう。

大切なのは形より「ヒト」だ。食べ歩きや旅行、ダベリングなどの交流を通してタテ、ヨコ、ナナメのつきあいを深めていこう。

つきあいのコツ①ダベリングコンパから始めよう

つきあいのコツ②三分会を開こう

青木流・ホームサロンのすすめ

「一人一サロン」という考え方をしてみよう。ホームパーティーや縄のれん形式で、あなた流のやり方で出会いを演出してみるのもいいではないか。

サロン開催には手間ひまとエネルギーがかかるが、いまの時代には、面倒なことをさらりとやってのけるそんなロー・テクノロジーがみられないと、人の心をひきつけることはできない。

私は、三〇年以上も、よい出会いのきっかけをつかむために、オフィスをサロン風にして、ヒューマン・ハーバー（人間の港）として開港させている。ここは、さまざまな人が集まる知的交流の場なのだ。日々、さまざまな分野の人たちが、ここに寄港してくれる。時々は仲間に声をかけてサロンを開催している。仲間に同行してはじめて寄港してくれた人には、「今日から明日の話をする」ことがヒューマン・ハーバーのルールであることを申し述べている。

前向きの知的交流を楽しむことに、ダベリングの意義があるからだ。過去の話には興味がないことを伝えておくと、価値ある情報交換と、すぐれたパートナーとの人間交流のエッセンスをたっぷり味わえるのだ。

そのおかげで、毎日、楽しくイキイキした人生を送っている。ハーバーに寄港する人たちから、元気の出るテレパシーを、たっぷりと浴びせてもらっているからだと思っている。その一方で、人生のイヤなことに対する「抗体センス」が身についていく。抗体というのは、体内に入ってくる病原菌に抵抗するためにつくりだされる免疫のことだが、ここでは、人生をよりよく生きるための生活技術の一つとしてとらえてほしい。

実際、人生で生じてくるさまざまなトラブルに無防備な人が意外に多い。人生、家庭、仕事、遊び、カネ、人間関係など、それぞれにある毒素に対する抗体を持ち合わせていないから、ちょっとしたことでもウツ状態になったり、マイナス思考に陥ってしまう人が少なくない。そんなジレンマから抜け出せるのが、会の仲間とのふれあいなのだ。

つきあいのコツ①「一人一サロン」で会を増やそう

つきあいのコツ②知的交流では今日から明日の話をする

幸運は、待っていても
決して訪れてこない
「当たって砕けろ」と思いながら
正面からぶつかってみると
意外によいハプニングに
恵まれることがある

聞き上手は
人の心をつかみやすいし
数多くのことを
人から学ぶ

聞きは七分
話すは三分

筆マメになろう

手紙のいいところは、面と向かってはいえないことが、手紙ではわりあい素直に書けるということだ。もしも、自分が口ベタだと思うなら、手紙戦術で相手の心をつかむことを考えてみるべきだ。なにも気どることはないし、堅苦しい手紙の書き方を実践しなくてもいい。相手に話を聞かせるつもりで書いていけばいい。

ことに筆マメな人はつきあい上手といわれる。ときには、面談や電話よりも、誠意を伝えるには効果的だ。

人に世話になったらお礼を、出会いが印象的だったらその感動を、まさに一筆啓上の思いですぐに手紙をしたためることだ。気の抜けたビールのようにならないように早いほどいい。

つきあいのコツ①口ベタな人は手紙戦術でいこう
つきあいのコツ②お礼や感動は早いほどいい

ユーモアはビジネスマンのベストドレス

人を楽しませる冗談やユーモアをいえる技術を身につけたら、誰からも歓迎されるし、好印象を与えられる。

そのためには、日ごろからジョークの養分となる下地づくりに励むことだ。

その一つとして、新聞、雑誌の囲みとなっているコラム欄を熟読する。コラム欄には、ジョークのキーワードや知的会話の素材が数多く入っている。

そしてTPO（時と場所と場合）をわきまえていうことが大切だ。簡潔なワンポイント・ジョークを心がけよう。

「すぐれたユーモリストこそ、社交界のベストドレッサーだ」といわれるゆえんである。

つきあいのコツ①新聞や雑誌のコラム欄に敏感になろう
つきあいのコツ②ワンポイント・ジョークを心がけよう

訪問には一五分間のリミットをつくろう

こちらから出向いて人に会う場合、会見時間を約束する瞬間から心づかいをはじめる必要がある。相手は、多忙なビジネスマンだ。経営者ともなると、一五分刻みでいろいろな仕事を消化している。そんな人の時間を割いてもらう場合、相手の時間を奪うことになる。特別の用件でないならば、会見時間の目安を一五分と決めておこう。

会見の約束をするときに、「一五分ほどお時間をいただけますか?」といってみると、いくら多忙な人でもその程度の時間なら、何とかひねりだしてくれるはず。

漠然と「お時間いただけますか?」では、いったい一時間必要なのか、二時間なのか、相手はわからないから、「うーん」と、考え込んでしまうのだ。

一五分という時間は、用向きの趣旨を十分に理解してもらえる時間なのだ。

つきあいのコツ①会見時間は一五分でいい

つきあいのコツ②時間に対するけじめをはっきりつけろ

出会いの一五秒で相手を惹きつけよう

人との出会いでは、第一印象がとても大事だとはよくいわれることだ。第一印象には、表情や態度などの外見はもちろんだが、話し方も重要な役割を果たす。

出会いの最初の一五秒の話で相手を惹きつけることができたら、その人は、かなりの話し上手といえる。一五秒では、短すぎて何も話せないじゃないか、と思うかもしれないが、これがそうでもないのだ。一五秒とは、テレビのＣＭ一本の時間なのだ。ＣＭ一本には、かなりの情報が込められている。

一五秒あれば、大事なポイントを押さえたメリハリのある話ができるのだ。逆に、時間を意識しないでダラダラと無意味な話をされたのでは、聞き手は耐えられない。出会いの一五秒の話で相手の心をつかむ。それくらい出会いの最初の話には心を込めてかかろうということだ。

つきあいのコツ①一五秒でメリハリのある話をしよう

つきあいのコツ②ダラダラと長い話は聞き手には耐え難い

8章　つきあいの輪を広げる方法

人間にもっと関心を持てば面白くなる

人間関係は面白いものだ

人はわからないからこそ、人間に関心を持ち、世の中が楽しくなって、人生そのものが素晴らしいものになる。

相手の人間像の中に、心を揺さぶる何かを見出せたときは、人生の醍醐味を味わえるものである。そういう感動を与えてくれるような人物を探し求めることで、自分がさらに磨かれていく。そんな刺激的な出会いは、クセになる。

出会いを大切にする人は、まず、相手を知ろうとする。出会いのヘタな人は、自分をわかってほしいという気持ちばかりが強い人だ。こういう人は、自分のことばかり考えているので、相手のことが見えてこないのだ。

人間に関心を持とう。そうすれば、もっと相手をわかろうとして勉強し、自分を磨いていくので感動できるのだ。

つきあいのコツ①自分のことをわかってもらう前に相手を知ろう

つきあいのコツ②刺激的な出会いをクセにする

あなた流の企画力で人と触れ合おう

人生を充実させるためには、いつも自分を磨いていないといけない。

時間とお金が許す限りは、外の世界へ出かけ、知的教養と人間関係を吸収しようではないか。

そこで、自分で会やサロンを開いてみようと、提唱してきた。また、会合の幹事役や世話役を積極的に引き受けるのもいいとすすめてきた。

ここで、さらにあなた自身が、あなた流の企画を立てて、手作り感覚の出会いの舞台を演出してみよう。たとえば、マラソン会でも読書会、俳句の会でもいい。年齢や性別を超えての集まりは、楽しいものだ。

私もいままでに、いろいろな会合やサロンを演出をして喜ばれてきたが、なかでも評判がよかった会を紹介しよう。

●「旅心」サロン

日ごろから「旅」にこだわり、放浪人精神を持っている人たちに声をかけて、旅行を楽しんだ。メンバーは、旅行作家、ツアーコンダクター、海外ドキュメンタリーの翻訳家、海外出張の多い家電メーカーの国際部長、貿易商社マンなどである。

●「美しく老いる」サロン

人生舞台のフィナーレをどのように演じていくかについてダベリングを楽しむ会だ。中高年の生きざまソフトを開発する会社経営者、熟年モチベーター、日本経済新聞記者、ビジネスコンサルタントなどを中心にして、五〇歳代のビジネスマンたちが集まって熱い議論を交わした。

●「江戸しぐさ」サロン

前にもふれた、江戸庶民が身につけていた、ここちよく生きるための知恵である江戸しぐさについて学ぶサロン。メンバーは、企業研修講師や教育コンサルタント、江戸の人々の生きざまや風俗に関心がある人々などが集まって、江戸しぐさの知恵を語り合った。

ひと味ちがう出前会を企画しよう

前項であげた企画は、定例会場でのサロンだが、折にふれて「出前会」を企画するのも楽しくて喜ばれる。つまり、こちらから現地に出向いていく出張形式の会だが、目先の趣向が変わるので、メンバー同士の親密感が一段と深まる。

いままでに、私が体験した面白い出前会を二つ紹介しよう。

●「簀立て遊び」サロン

この企画の仕掛け人は、木更津在住で鈴幸建設社長のSさんだ。

千葉県木更津の金田沖に、三〇人乗りの釣船二隻で向かい、引き潮のときに、簀《す》立て（浅いところで竹簀を沖に向けて垣根状に立てて囲う）の中に残った魚介類を手づかみでとって、その場で調理して賞味するという野趣満点の遊びである。

Sさんが仕掛けた相互交流の企画に相乗りさせてもらったわけである。Sさんの企画には、木更津花火大会をクルーザーで楽しむものもあり、じつに楽しい相互交流である。

●「京都三点セット」サロン

三点セットというのは、
①京都の版画家で染織作家である井堂雅夫氏のギャラリーと制作現場を訪問して、本人より制作工程について説明を受ける。
②日本の代表的な和風旅館の一つ「柊屋」に泊まって和風の粋を肌で感じる。
③有名な和菓子の「叶匠壽庵」の「寿長生の郷」（六万三千坪ある和菓子の郷）を訪れて、創業者である芝田清次さん（故人）の卓話を聞く。
以上の三つの企画を一泊二日のツアーでまとめて実現させた。
大変ぜいたくな企画で、京都在住の友人・大歳昌彦さんの協力を得て、三〇名ほどのメンバーが参加、大成功であった。

このような「遊び」という共通の体験を持つふれあいは、心が通い合う絶好のチャンスである。

遊ぶのも中途半端ではダメ、一生懸命でなければ面白くない。

ヒューマン・ハーバーでの出会いの仕方

魅力的な人との出会いを通じて、自分を成長させたい、充実した楽しい時間を過ごしたいという欲求は、いつの時代にもあるものだ。

前にも述べたが、私は人間関係を築きたいという人のために、自分のオフィスをサロン風にして、「ヒューマン・ハーバー（人間の港）」と呼んできた。

このヒューマン・ハーバーでの「出会い」の仕方には、二通りある。初対面の人が、どこからかこのオフィスのことを、伝え聞いて訪ねてくる場合と、私のほうから、テーマを設けて仕掛けるサロンでの「出会い」の二つである。

私が仕掛けるサロンの場合は、意図的に「出会い」を面白くするために、いろいろな演出をする。

たとえば、テーマを「社員研修」と決めたら、企業の研修担当、セミナー講師、人事担当のビジネスマンなどテーマに関係ある人たちに声をかけてみる。会費制で、ブレーンストーミングにして全員を講師とする。

初対面であっても、肩肘はった会合ではないので、本音の意見交換ができる。また、お互いに関心があるテーマなので、論議が活発に展開して、会が終わったころには、お互いをパートナーブレーンとして認識しあうことができる。

このような会合を開いて毎回テーマを変えていけば、それだけ幅広く、いろいろな分野のブレーン集団が誕生することになる。

こうして、テーマと人選を上手に組み合わせた仕掛けサロンの効用は、じつに大きなものになる。

ヒューマン・ハーバーは誰でも運営できるものだ。手づくりでできる人脈拡大法である。

はじめは小さい会合でもいい。根気よく時間をかけて育てるならば、ある時点で、大きな広がりを持つ人脈づくりのハーバーになっていくはずだ。

つきあいのコツ①ヒューマン・ハーバーは誰でも運営できる

つきあいのコツ②パートナーブレーンをつくろう

酒、マージャン、ゴルフの話をするな

人脈づくりをめざそうという人が、相手の心をつかみとるためには、相手の考えを理解しているという満足感を味わわせることだ。

むろん、接する相手が経営者か、中間管理職か、ヒラの社員であるかによって、対応の仕方を変えていく必要はある。

ビジネスマンの共通の話題というと、酒、マージャン、ゴルフだが、会合やサロンでは、これらの話題は避ける。

他の誰もが口にするような月並みな話題はやめて、できるだけ相手の立場にあった話題を誘い出して、個性的な対話に持ち込むことだ。ポピュラーな話題は取りつきやすいが、それだけ印象も薄くなる。

たとえば、経営者との出会いではどんな話をしたらいいだろうか。

経営者というのは本来、きわめて孤独である。家族にも部下にも話すことができない悩みを数多

く抱えている。

だが、サロンで出会ったあなたは、経営者にとって利害関係などない第三者だから、何のへつらいやおもねる気持ちも持たずに、相手の話を聞くことができる。

そこであなたが経営者と対話する機会があったら、経営哲学や経営理念にふれていきながら、相手の考えをじっくり引き出していくことだ。真正面から質問していっては答えにくいことでも、何か素材を与えて、話を誘い出すように仕向けるといい。

考えていることを口に出して相手にわかるように説明してみることは、頭の中を整理するのにたいへん効果があり、心をすっきりさせることができる。そのため、経営者は、すっきりさせてくれた対話の相手であるあなたに好意を抱いていくものなのだ。

つきあいのコツ①相手によって対応する姿勢を変える
つきあいのコツ②月並みな話題は避けて個性的な対話に持ち込む
つきあいのコツ③相手の考えをじっくり引き出していく

会のマンネリ化を防ぐための相互交流を

有意義なサロンや会合も、回数を重ねてくると、どうしても惰性に流れてマンネリ化しがちだ。そんなときは、新たなメンバーを加入させるなどして、カンフル剤的な刺激を持ち込もう。

さらに、会のマンネリ化を防ぐ方法として、会の相互交流がある。私が仕掛けた相互交流の具体例を紹介しよう。

●「にじます料理を地酒で楽しむ会」で相互交流

ある年の春先、にじます料理の名手・矢辺芳浩さんから「にじます料理を地酒で楽しむ会」の案内が届いた。前に紹介した「水雲会」の代表である大須賀敏剛さん、「男子厨房に入ろう会」世話人の劔物治郎さんを誘って静岡県富士宮市にある矢辺さんの「鱒の家」に出かけてみた。

六〇年間、にじます料理ひと筋の矢辺さんの料理と、地元の高砂酒造が提供する銘酒がみごとにマッチして、参加者は大満足だった。

その場でぜひまた再訪したいという気運が盛り上がり、さっそく大須賀さんと劔物さんの双方の会が合同で再訪する企画をまとめあげた。

新酒がおいしく賞味できる二月下旬に、五〇人乗りの観光バスをチャーターして、高砂酒造の酒蔵を見学してから「鱒の家」で会食するという日帰りツアーであった。

「水雲会」も「男子厨房に入ろう会」も、二五年以上も活動を続けている伝統ある会であり、メンバーの質も高いので、相互交流による人間関係の発展はおおいに効果があったのだ。

このような、サロンや会の合同のつきあいは愉快で楽しいものだ。ちょっとした努力と手間ひまを惜しまなければ、人間関係が築ける素晴らしい出会いを演出することができるのだ。

つきあいのコツ①会やサロンはマンネリ化させない

つきあいのコツ②会やサロンの相互交流をしよう

他の同窓生グループと交流しよう

学友の縁を探ることをおすすめしたが、他校のグループ集団との相互交流を求めることを、もっと積極的にすすめることも提案したい。

以前、私は、次のような相互交流を企画したことがある。

昭和会というビジネスマンの勉強会を通じて知り合ったS氏と私は、昭和八年生まれの酉年であることから、酉の日にあわせて母校同期生有志の顔あわせをしようということになった。

各分野で活躍中のイキのいい同期生をお互いに選んで、S氏の都立新宿高校グループと、私の都立九段高校グループとの合同会を開催した。すると、同年生まれという共通点もあったためか、すぐにみな打ち解けて、談論風発、趣旨に沿った楽しいひと時を持つことができた。

その結果、幹事校は順番にまわすということにして定期的に交流を深めていくようになったが、参加者全員にとって、つきあいを広げるきっかけを増やすことができた。

とくに高校時代の友人であるから、職業もビジネスマン、経営者、医者、大学教授、公認会計士、自営など多種多様であった。

大学の同窓となると、これほどのバラエティあるつきあいはできなくなるかもしれないが、どちらにしても、同一出身校の枠を超えて他校グループとの相互交流を求めることをおすすめしたい。

幅広い人脈をもちたいなら、このような相互交流の方法を、もっと探っていくべきである。

そのためには、何もわざわざ遠いところにある井戸を掘りに出かけるようなことをしなくてもいい。身近な井戸を縦横に掘り下げて、地下水脈を探りあてる工夫をしていけば、いくらでもグループ人脈につながる接点となる人を見つけることができるのだ。

つきあいのコツ①他校の学友とも縁を結ぼう

つきあいのコツ②同年生まれというキーワードで集まってみる

つきあいのコツ③相互交流の仕方を工夫しよう

ボランティア活動を通して自分自身の成長をはかる

楽しんで何かに打ち込んでいる人は、全身から楽しさが発散されていて、つきあう人も楽しくさせてもらえる。その何かが、社会奉仕やコミュニティづくりに役立つことであれば、素晴らしい。せっかくよい趣味を持っていても、単に自己満足に終わってしまうような楽しみ方をしているのでは、あまりにもったいない。自分の能力を生かすのにも、ビジネスに限定しないで、さらに広範囲にわたって活用していくべきだ。

ボランティア活動を通して知り合った仲間たちとのふれあいのなかから得るものはとても大きいだろう。

私の友人のＫさんは、医療法人に勤務しながら楽しんでボランティア活動に打ち込んでいる一人である。アコーディオン演奏が得意なことから、川口ハーモニカ楽団に参加している。この楽団は平均年齢が五五歳余で、主として社会福祉関係団体、老人ホーム、身障者施設などでの演奏会に出演している。

この楽団は大正一四年に、日本ハーモニカ界の重鎮であった川口章氏が創設した。以来、社会福祉施設へ熱心なボランティア活動を続けてきた。Ｋさん同様、楽団員全員が、それぞれに仕事を持っているので、決して無理をしないように計画的に出演することを工夫している。

Ｋさんは、このほかに、落語鑑賞を通してのコミュニティづくりにも参加している。こうして自分の好きな趣味を活かしながら、利害を離れて他に尽くす姿勢を貫いてきた。そのような姿勢が、誰からも好感を持たれ、素晴らしい人間関係をつぎつぎと築いてきたのである。

ボランティア活動は、誰でもすぐに始めることができる。町の社会福祉協議会に行って、ボランティアセンターに相談すればいいのだ。ボランティア活動には、さまざまな種類がある。高齢者・障害者の自立支援、子どもとの関わり、リサイクル、国際交流、文化、医療介護などに関する活動がある。無理をせずに、楽しみながらできる活動をさがしてみよう。

つきあいのコツ①ボランティア活動に目を向けてみよう

つきあいのコツ②自分の能力を仕事以外に活かすことを考えよう

最初はモノマネでいい

会をつくるときに、まず大切なのは「人」だ。いいメンバーが集まらなければ、会は成りたたない。

人が集まったら、次はその人たちが自発的に動いてくれるような受け皿を用意することが大切になる。

どんなパーティーや会合にも、うまく運営されるためのそれなりの「型」がある。はじめは、その「型」を真似ることからスタートすればいい。モノマネから自分流を生み出すのだ。

自分からしかける会合はめったにないので、どうやっていいかわからないと思うかもしれないが、運営ノウハウの型ははじめはモノマネでいい。この基本型を皮膚感覚でしっかりつかみとるために、一時期に集中して各種勉強会を歩いて、会合の運営ノウハウを吸収するとよい。

このとき、ニーズを完全にカバーするような会合なんてまずありえないのだから、それぞれの会合が持つ独特のエキスをツマミ食いして歩くという考え方をするとよい。

会合やサロンには、ひとつの個性があるので、いくつものサロンに参加してみよう。いろいろな個性との出会いを楽しめるはずだ。こうして数多くの会合に参加していると、「運営の型」もしだいに見えてくるはずだ。たとえば、勉強会をハシゴして歩いてみれば、時間管理のしかたや、会合の質の善し悪しを見分けることもできるようになってくる。

つぎに、勉強会に参加する側の立場からみて、どういう状況がうれしいのか、またはイヤなのかをよく観察しておこう。あなたが会の主催者になったときに、ここでつかんだ感性が役にたつだろう。

自分がつくろうとしている会の、理想モデルとなるような勉強会や会合グループを発見して、はじめはそのモデルの型をそっくり真似していればいい。いずれあなたらしい会として成長するだろう。

つきあいのコツ①他の会合の型を真似るところから始める

つきあいのコツ②各種会合をまわってノウハウを研究しよう

会を立ち上げるとき、ルールはどうするか？

あなたが実際に、会をつくり始めることになったとき、気になるのは、会費や会のルール、規模はどのようにしたらいいかということだろう。

きまじめな人ほどこういったルールを気にかけて、きちんと仕組みをつくってからでないと、事を始めない人が案外と多いようだ。

だが、人間財産を求めるための会をつくる場合は、杓子定規に考えてあまり窮屈なルールを設けないことだ。窮屈にしてしまうと、人間関係がギクシャクしてしまいかねない。

最小限のゆるやかな規則があれば、十分なのだ。ということは、逆にいうと、やはり最小限の規則は必要だということだ。

たとえば会員に対して、この会に望ましい人はこういう人であると宣言して、一種の緊張感を与えながら、ユーモラスに大ざっぱな三つのルールを決めておくのもいいだろう。

たとえば、私は次のようなルールを提案する。

第一条　「酒は飲んでも飲まれない人」＝酒に飲まれてしまうようでは、自分の感情をコントロールできないので、ムードキラーとして嫌われてしまう。

第二条　「楽しく前向きの話をする人」＝人の悪口や中傷、後ろ向きの話題は、後味が悪く敬遠される。

第三条　「目が生き生きと輝いている人」＝何かの目標をもって生きている人からは、刺激のあるテレパシーが発信されてくる。

このようにして、自分で会を立ち上げるときは、自分がこうしたいと思う会のイメージを、あなた流の基本ルールにまとめて掲げておくのだ。

最小限のユーモラスな会員のルールを決めておけば、会をスムースに運営していくことができる。たとえルール違反者が出たとしても、どう対応したらいいか、わかっているからだ。

つきあいのコツ①会をつくるときは最小限のルールで十分
つきあいのコツ②望ましい会員のユーモラスな条件をつくる

会費や会則は最小限で

私のヒューマン・ハーバーでは、数年前まで、三〇〇〇円会費で月一回の定例サロンを開いていた。会員登録制ではないので誰にも案内はしなかったが、人から人への口コミで、定例日には常時二〇名ほどの参加者があった。

会則はなく、「自分が考えていることをたっぷりと吐き出し、それ以上のものを吐き出していく」ことを基本ルールとしていたので、談論風発、いつも活気があふれていた。この定例サロンは三年間つづけて中止し、その後は気ままなオプションサロンにして、興味ある人物やテーマを見出したときに、随時サロンをしかけてきた。

また、定例サロンに参加してくれた人たちには、ヒューマン・ハーバーでつかんだ運営ノウハウをいかして、自分流の会づくりをするようにすすめてきた。

そこで、会を運営する上での具体的なルールを説明しよう。

①会則・会長＝会則は最小限にとどめる。「会長」とか「代表世話人」などという名称は、いかにもカッコつけてるように思われる。文字通り「汗をかく人」として「汗かき人」と呼んだほうがピッタリくる。

②会費・会合頻度＝基本的には月一回程度がいい。会費は原則としてそのつど実費精算とする。計算に便利なように端数を切り上げて精算し、残額はプールしておく。

年会費は、はじめはみな納めてくれるが、次年度からしだいに未納者が現れ、催促するのもつらくなることがあるので、あまり徴収しないほうがいい。運営費は、別途パーティーなどであげた余剰収益を充当していくといい。

③人数・連絡・会場＝五～二五人くらいが運営しやすいだろう。出欠の返事は電話よりは葉書かメールを用いるのが精神衛生上はいい。連絡のこない相手に電話で出欠の確認を取るのは、こちらにも、相手にも負担になる。会場は、当面は一か所に決めておくといいだろう。

つきあいのコツ①サロンの会費は実費精算が負担がかからない

つきあいのコツ②サロンの人数は五～二五名が最適である

存在感のある人間は、何かの分野で
ナンバーワンであるか
何かについて
オンリーワンであるか
そのいずれかに
見なされている人である

９章　いい相手はどのように選べばいいか

本当に苦労した人は
その苦労を決して表に出さない

ステップ1　何気ない動作から人間性を見抜く方法

人の無意識の行動には、その人の性格や人間性がはっきりとあらわれるものだ。

たとえば、知人とレストランや喫茶店にいって、相手が店のウエイターやウエイトレスに水を一杯頼むときの、声のかけ方一つにも、はっきりとあらわれる。

「すみませんが、お水をください」というのと、「おい！　お冷や！」というのでは、その性格は大きく異なるのがわかるだろう。

店の人にも「すみませんが」といえる人は、従業員も自分と対等の人間とみて声をかけているのであって、おそらく地位や身分に関係なく、どんな人に会っても変わらない態度で接することができる人である。

「おい！　お冷や！」という人は、粗野な性格で、権威に弱く自分より相手のほうが力が下だとみると、とたんにいばりくさるような小心者であるのだ。

ほかにも、その人の人間性をじつによくあらわしている行動がある。私が気になる行動をいくつかあげてみる。

●相手の話を最後までしっかり聞いてあげられない
●忙しいときに「忙しい」を連発する
●食事の食べ方、残し方がきたない
●他人のプライベートをとやかく聞く
●他人の噂話を喜んでする
●頼まれると断れないといって何でも引き受けてしまう
●見栄っ張りの度が過ぎている
●いっていることとやっていることがまったく違う

ほかにもまだまだあるが、このくらいにしておく。言葉よりも無意識の行動が多くを物語るものだ。ちょっとした動作のなかに、その人を判断するバロメーターがあるのだ。

ステップ2　ホンモノの人間を見分ける青木流・尺度

つきあいを広げていくために、誰とでも接触していく姿勢はいいことなのだが、何の思慮もなく行動していたのでは、受身のつきあいとなって、疲れる人に振りまわされてしまう。そして貴重な時間とエネルギーを浪費することになる。

そこで一人でも多くのホンモノの人間と接触するように、日ごろから人を見る目を養っておくことだ。

できるだけ楽しく、人生の後半を過ごせる良きパートナーを求めようとしている私は、つきあう人を鑑定する方法として、人をＡ（優秀）、Ｂ（ふつう）、Ｃ（ダメ）の三つに分類している。Ａクラスの人とのふれあいを確実にしていきたいからである。

私が決めている、ＡＢＣそれぞれのクラスの特徴を紹介しよう。

●Ｃクラスの人

このクラスの人間像で共通しているのは、自己陶酔型（ナルシスト）である。

自分の考えばかりを他人に押しつける人には、口害にあったような印象を受ける。さらに、何事にも断定的に自分の考えを押しつけてくる人にもヘキエキする。

●Bクラスの人

口害人間ほどではないけれど、人から吸収することばかりを考えている人である。もらうばかりで与えることのない人は、人間関係を長く持続させることは無理な話である。社会人としての相応の経験を積んでいるなら、相手にアピールするような何らかのセールスポイントを内蔵しているはずだ。それを出そうとせずに自分ばかり受身になっているのは自分本位である。

●Aクラスの人

どんな仕事についていても、本業に打ち込んでいる人だ。本業がまっとうできないようでは、何をさせても中途半端なことしかできない。次に、つねに前向きで意欲的な人だ。第三に、ユーモアやウィットを理解する心の持ち主である。第四に、ヒューマニティのある人である。これはAクラスの人に絶対不可欠の条件である。

この人物鑑定法でAクラスの人とのつきあいを大切に育てていってほしい。

ステップ3　ものの言い方から人間性を見抜く①

その人の人となりは、ものの言い方にもよくあらわれる。せっかちな人はせっかちに話をするし、のんびり屋はのんびり話をする。

さらに、話しかけた際の相手の返事の仕方で、その人の性格がわかってしまうから恐ろしい。人が話しかけたときに、ろくに人の顔も見ないで気のない返事をする人がいるが、印象が悪いことこの上ない。

●「あ、そう」「べつにい」

たとえば、「飲みに行くかい？　日本酒と焼き鳥がうまい店をみつけたんだ」と相手にいったときに、「あ、そう」という気の抜けた返事だけでは行きたいのか、行きたくないのか、わからない。

そこで、

「焼き鳥じゃいやなのか？」と聞くと、「べつにい」という返事。「じゃあ、行くのやめるかい」というと、あわてて「いや、焼き鳥でいいよ」という返事。

「焼き鳥でいいよ」とは、焼き鳥では不満だが、しかたがないからまあいいという返事だ。こんなものの言い方をする人とは、二度と会いたくなくなるものだ。

●「ここだけの話なんだけど……」

また、よく「ここだけの話なんだけど……」といって話しかけてくるのが口癖の人がいる。こういう言い方だと、「とっておきの情報を教えてやるから、ありがたく思え」といわれているようで、恩きせがましく感じてしまう。

このような人は、自己顕示欲が強くて、いつも自分が注目されていないと我慢ならないタイプだ。

●「しかし」「だから」「つまり」

また、「しかし」「だから」「つまり」というひと言が多い人もよくいる。人が話していると、話をさえぎって「しかしだね……」「だから、それは……」「つまりね……」を連発する。このような人は、やはり自己主張が強くて、自分に目を向けてほしいと思っていることが多い。

ステップ4　ものの言い方から人間性を見抜く②

口癖は、本人は意識していないで使っているのだが、聞いている側には、嫌味に聞こえたり、不愉快な気持ちにさせられることがよくあるものだ。そんな口癖を連発する人とは、おつきあいしたくなくなるのが当然である。

次のような口癖の人も多いが、いったいどんな性格なのだろうか。

●「いまだからいうけど……」

相手に何か話しかけるたびに、「いまだからいうけど……」を連発する人がいる。そんな前置きは必要ないのだが、この言葉をいわないと気がすまないのだ。このような人は、自慢したがるタイプで、やはり人に注目されていたいタイプだ。

悪い人ではないが、つきあっていくうちに、しだいにあなたが疲れてくるはず。

●「だからいったじゃない」

あなたが何か失敗をしたときに、「だからいったじゃない」といって非難する人もよくいるだろう。このような人は、優越感情の強い人で、「あなたが失敗したのは、わかっていた。私のいうとおりにすれば失敗しなかったのに」という気持ちがあるのである。

あなたが失敗したことを、心配に思っている気持ちなどサラサラなく、どちらかというと、「ざまあ見ろ」とあざ笑っているような雰囲気さえ感じてしまう。

いわれた側は不愉快でたまらないものだ。部下が失敗したときに、「だから私がこういったじゃないか」というような上司では、部下から嫌われ信頼もされなくなる。

●「こんなことといいたくないけど」

他人がすることに、ケチをつけるように、この言葉をよく連発する人がいる。これは、相手をバカにしているような印象を与える言葉だ。「こんなつまらないことまでオレにいわせるなよ」といっているのだ。強い優越欲求のあらわれである。

このような人とつきあっていると、イライラさせられるから、長くはつきあえないだろう。

ステップ５　相手の話し方でその人のつきあい方を見抜く

心理学では、一人の人間の中には、批判的な父親的な要素、養育的な母親の要素、自由な子どもも的な要素などいろいろなタイプの性格があるという。

心理学者の渋谷昌三さんは、人間は、①批判的な親タイプ、②養育的な親のタイプ、③自由な子どもタイプ、①順応した子どもタイプ、⑤大人タイプの五つの心の要素を持っていると、述べている。

誰もが、自分の中にどれか一つではなく、この五つの要素を持ち合わせているのだという。どの要素が強くてどの要素が弱いかによってその人の性格が形づくられるわけだが、そこから、人とつきあうときの態度や特徴もわかってくる。渋谷氏が教える各タイプから、つきあい方のコツをまとめてみる。

①批判的な親タイプとのつきあい方

何事にも批判や意見を述べ、他人がやることにも、「それではダメだ、こうしなければ」などと口をはさむ。人に対して批判や説教ばかりするタイプで、命令口調で話すことが多い。

このような人とつきあうには、こちらも自己主張を始めると、ぶつかってしまう。従順に聞かないとうまくいかないことが多い。

②養育的な親タイプとのつきあい方

他人に対して面倒見がよく、何かと世話を焼きたがる人だ。

母親的要素が強く、一緒にいると、ホッとして安らぐような人だが、世話焼きが度を超えてしまうと、押しつけがましく感じるようになる。つきあっていくうちにうっとうしくなるタイプなので、そんなときは少し距離をおいたほうがいい。

③自由な子どもタイプとのつきあい方

このタイプの人は、明るくのびのびしているのでつきあいやすいが、自分の好きなことには熱中するが、興味がないことには無関心、無責任なことがある。

とかくわがままなことが多く、相手の立場や都合を聞こうとしないことがあるので、つきあうときは、このタイプの人にふりまわされないように、自分がしっかりしていなければならないだろう。

④順応した子どもタイプとのつきあい方

いわゆる「いい子」タイプで、いやなことでも、頼まれると「いや」といえない性格なのだ。断れないので、いやなことも引き受けて、結果として、欲求不満におちいってストレスをためこんでしまうタイプ。

このような人はネクラな面も持っていて、人の評価や噂をとても気にしてしまうところがある。

自分の意見を主張することができないので、大人になりきれない。自分から積極的に行動することもない。

このような人とつきあうには、こちらがある程度リードして、強く引っ張っていかなければならないだろう。

⑤大人タイプとのつきあい方

いままであげてきた①〜④の四つのタイプをバランスよく持った人で、理想のタイプといえる。批判的な親、養育的な親の要素も持ち、なおかつ自由な子ども、順応的な子どもの面も持ち合わせた、まさに大人の人である。

このような人とは、とてもつきあいやすい。だが、意外なことに、大人の度が過ぎると、冷たくて冷静、つまらない人に思えてくることがある。

この人は「冷たいな」と感じても、悪気はないのだから、あまり責めないようにしよう。

人は誰でも、以上のような性格の要素を持っていて、いずれの要素が強いかによって、五つのタイプのどれかになるようだ。人とつきあうときに、このことを覚えておくと役にたつだろう。

ステップ６　伸びる人間を味方にする方法

これから人間的に成長して伸びていく人を探すとなると、ヒューマニティに富むA級人間を求めたい。その人が自分にとって身近なエースであるためには、自分の年齢を中心にして、前後五歳くらいの幅を対象としたい。

たとえば、あなたがいま三五歳であるなら、三〇歳から四〇歳までの間の人たちを同世代の仲間とみて、その年齢層からエースとなる可能性を持つ人物を探し求めることである。

相手の年齢が離れすぎていては、ズレが生じてうまくつきあっていかれなくなることが多い。やはり同じ時代に生まれて同じ空気を吸いながら、同じテンポで歩んでいく人でなくてはならない。

さてエースとなる候補生は、一人でも多く見つけるように気を配りたい。そのためには、身近な友人たちにフィルターの役割をしてもらうことだ。自分だけが気に入った人では、すぐに惚れ込んでアバタもエクボ式になりかねないからだ。

こちらの意図をよく理解してくれている友人、仲間が、彼らの職場か同じ業界の中にいるA級人間を見つけ出したら、その人と接触する方法を工夫しよう。

●グループで囲む会を企画する

Ａ級人間と思われる人が上司であったり、社会的地位のある人ならば、その人に失礼にならない形で、グループで囲む会を企画し、ものの見方について学ぶのも一案だ。

●エースをよく知る人から紹介してもらう

エースに近づくには、紹介してもらうのが一番だが、もし紹介者が身近にいなかったら、エースが興味を抱きそうな出会いを演出してみることだ。すでに知り合った他の分野のエースとのドッキング、尊敬する人生の大先輩たちとの会食など、エースが喜びそうな企画をたててみるのもいいだろう。

このようにして、一年に一人のＡ級人間を知ったとしたら、一〇年間には、一〇人のエースが身近な存在となって素晴らしいパワーを発揮するようになる。

コラム・青木流・新友づくり講座

「江戸しぐさ」に学ぶ粋な人づきあい

前にもふれたが、江戸時代の庶民の粋な生き方、暮らし方の知恵は、現代人もおおいに学ばなければならない。このしぐさ、心得を身につければ、人間関係がスムースにいくことは間違いない。ここでも、私がおすすめしたい江戸庶民の粋な心得を紹介したい。ぜひともおおいに真似してほしい。

●傘かしげ

雨降りの日に、通りで人と人とがすれ違うときに、お互いが傘をぶつけないように、人がいない側に傘を傾ける。相手の体に雨のしずくがかからないように、傘がぶつかって相手の傘を破ってしまわないように、江戸っ子は気遣いをした。

現代人もおおいに真似したい思いやりと譲り合いの精神だ。

●こぶし腰浮かせ

江戸時代は船が重要な交通手段だった。渡し場で船に乗船したとき、先に船に乗っていた乗客が、後からきた客のために、こぶし一つ分だけ腰を浮かせて席をつめることである。現代では、混んだ電車のなかで、ほんのわずかずつつめれば、もう一人座れるのに、誰ひとり動こうとはしない。若者がシルバーシートを占領して、お年寄りを立たせていても、なんとも思わない。江戸っ子は、こぶし腰浮かせを誰かに指示されてしたのではなく、からだに染みついて癖になっていたという。現代人がなげかわしい。

●七三歩き

江戸の人々は、町の道路の七割が公道で、自分が歩くのは道の端の三割だと心得て、気づかいをしていた。狭い往来で荷車や急ぎの用がある人のじゃまをしてはいけないとの配慮からだ。いまは、歩道いっぱい占領してつれだって歩く若者や、スピードをあげて走る自転車で、歩道を歩くのさえ危険なありさま。江戸庶民の粋なはからいを学んでほしい。

10 章　意欲人間は今日から明日に向かっている

人間には明日がある
生きている限り、
明日が存在する

今日から明日に向かって話をしよう

人に好かれて、尊敬される人は、意欲人間だ。年をとっていくと、好奇心や胸の高まりが薄れて、何をするのもおっくうになっていく。

若い人は好奇心が旺盛で、将来への夢があり、何事にも意欲を燃やすことができるが、年をとるにつれて意欲がなくなっていく人が多い。こういう人は、人に会っても過去の懐かしい話しかしない。

だが、なかには、いくつになっても、意欲に燃えてみずみずしくイキイキと活動できる人もいる。いつまでも若くいるためには、好奇心と意欲を持つことにつきる。

〔ポイント〕いつも何かに燃えている人は、周りの人に快い刺激を与えてくれる。だから、意欲のある人は、決して過去に生きたりはしない。今日から明日に向かっての話をしよう。

つきあいは、ダベリングの会からでいい

「人づきあい」といっても、肩ひじ張ってかしこばることはない。気が合った仲間と、気軽に集まってダベリングの会を持つことから始めようではないか。

居酒屋で酒を飲みながらでもいいし、くつろいでサロン風に語り合うのでもいいだろう。ダベリングのテーマも何でもいいが、バラエティがあったほうが、さらに幅広く人間関係が広がっていく。

人生と仕事に意欲的な仲間に声をかけ合って、年齢、性別も関係なく、集まってみよう。

お互いに、現在もてる知識や智恵を惜しみなく吐き出して、明日に向かって触発しあうところにダベリングの意義がある。

〔ポイント〕そこで楽しく盛り上げるポイントは、人生の出会いは、つねに後味のよいものであるように心がけることである。そのためには、ホンネの対話ができる舞台を用意してくつろぎのムードづくりをすることだ。

誰でも、自分ひとりで
成長できるものではない
優れた人は、そのことを知っているから
人と触発しあうことを
おっくうがらない
人間財産の必要性に目覚めよう

のぞみ人生からこだま人生へ

友人をつくることはたやすいが、頼もしい人脈をつくることは容易ではない。目先の利益にこだわらず、息の長いつきあいを重ねていってはじめてそれは可能になる。

相手がいまのあなたの仕事に関係がなくても、興味と好意が持てる人間ということで、つきあいを持続させていると、思いがけないところで仕事に結びつくこともある。人づきあいに、損か得かというビジネス感覚を持ち出して、あまりに合理的であるのは、歓迎されない。仕事をはなれたつきあいによって、「のぞみ」人生から「こだま」人生に切り換えるのもいいだろう。

〔ポイント〕人生には途中下車も必要だ。好奇心がうずいたら、途中下車して、沿線の風物を愛でたり、気の合う人と心ゆくまで人間交流を楽しんだりしながら、人生の旅を続けよう。

ハングリー精神に発奮して
行動を起こすのは
いま、この瞬間でも
遅くはない

押しつけるのではなく、引き出す人になろう

人に相談ごとをすると、「ああしろ」「こうするべきだ」と、価値観ややり方を押しつけてくる人がいる。押しつけるのではなく、相手が何を悩み、何を望んでいるのかを引き出す人になろう。押しつける人は、相手を自分の支配下におきたがる気持ちが強く、権力や肩書きに弱い。

このような人は、相手に「ああしろ」とやり方を押しつけるので、相手が自分で考えて行動するチャレンジ精神や意欲といったものをそいでしまう。これでは、相手にとっては迷惑千万だ。そのため、相手はしだいに押しつけ屋が鬱陶しくなり、やがては離れていってしまうだろう。

〔ポイント〕たとえ相手が何かのやり方に迷っているときでも、押しつけてはいけない。アドバイスや協力は惜しまずにしてあげて、相手が自分で解決する方法を引き出してあげられる人が喜ばれるのだ。

ライバルの存在が活力源になる

よきライバルというのは、人間航路に刺激を与えてくれるし、身近な目標をつくる重要な存在になる。ライバルのおかげで、仕事がうまくいったり、成功を手にできたという人は大勢いる。ライバルの存在が、人を成功に導いた例は、歴史を見てもたくさんある。

ところがビジネスマンは、ライバルを出世競争の相手と考えるため、せっかくのよき存在が、次元の低いただの敵になってしまう。だから、ライバルは職場の同僚の中に求めるよりも、もっと広く社外に目を向けて探し求めるべきだ。

ここでいうライバルとは、お互いの才能や魅力を引き出し合い、能力を高めてくれる存在のことである。

〔ポイント〕出世競争の相手などより、ずっと次元の高い人生のパートナーでもある。あなたがよきライバルを発見できるかは、人生を前向きに意欲的に生きようとするなら、ひじょうに重要な意味がある。

急がない相手には距離をあけておこう

人は、誰とでも公平につきあうことなどできないのは、当たり前のことだ。

だから、あなたにとってさほど重要でない気の合わない出会いの場合は、さらりとした対応で流していっていい。そのかわり、この人こそは大事だと思う人に出会ったときに、心を込めたつきあいをするべきだ。

相手に対する距離の取り方や対応の仕方において、ひとりひとりで違う工夫をすることも必要なのだ。

〔ポイント〕将来につながるよい人間関係を求めるなら、あなたにとって大事な人生のパートナーブレーンを、もっともあなたの近くに置き、ふつうのつきあいをしておけばいいと思う仕事や地域につながる知人はその外側に置いておけばいい。それぞれの人間関係に、それぞれの距離をとっておく智恵が必要なのだ。

ウツにおちいらないコツ

誰でも仕事やプライベートで壁にぶち当たったり、思うようにいかないときは、落ち込んでしまうものだ。

だが、同じ落ち込むのでも、笑いながら立ち直れる人と、ウツにはまりこんで、なかなかそこから脱却できない人がいる。何をするのもイヤになって、気の合う仲間とも会うのがおっくうになり、一日じゅうボーッとしている、などということになってしまう。こういう人は、他の人なら気にならないわずかなマイナス面が気になってしかたがないのだ。うまくいっていることをすなおに喜ぶことができなくて、もっとレベルの高い喜びが得られないことで、落ち込むのだ。

〔ポイント〕ポジティブ志向で意欲的になるためのコツがある。自分がいままでに成功したり、うまくいったときのことを三つ頭に思い浮かべて、喜びで心を満たす。最高にうれしかったときのことがいい。ウツになりそうだと思ったときは、深呼吸してこの三つの喜びを頭にイメージできるようにするとよい。

未来のプラスイメージを思い浮かべよう

前項で、ウツに落ち込まないためのコツをお教えした。過去の出来事で、最高にうれしかったことを思い出して頭にそのイメージを描くことだ。

今度は、未来のプラスイメージを頭に思い描くのだ。プラスイメージで潜在意識に刺激を与え、何ごとにもプラス志向で考えられる意欲人間をめざそう。

この未来のプラスイメージは、自分がやりたいと思っていたことが実現できているところ、仕事で能力を発揮して成功しているところ、人づきあいがうまくいって楽しく人と語り合っているところ、などを頭に思い描く。

イメージするときはいつでもいいが、朝起きたときが、もっともいい。あとは、道を歩いているときでも、風呂に入っているときでもいい。

〔ポイント〕こうして、つねに過去も未来も、イキイキと生きている自分をつねに頭に思い描いていれば、意欲人間になれるし、明るい振る舞いは、誰からも好かれるのだ。

意欲人間は人を好きになる情熱を失わない

自分を本当に大事にする心を持っている人が、人のしあわせを願い、人格も認めていこうと心がけている。意欲的に人づきあいをしていこうという人にとっては、出会いは楽しみでなくてはならない。見知らぬ人との出会いは不安なものであり、時には苦痛でもある。それでも新しい人と出会いたいというのは、人間好きな証拠であろう。

では、どうしたら人間好きになる情熱を持つことができるのだろうか。

それは、理屈抜きで、すなおに相手を思う心づかいがあること、相手の役に立てればうれしいという思いがあること、相手の地位や財産を何かに利用したりするような欲はないことが必要だ。

〔ポイント〕人間好きな情熱を持つ人のまわりには、いつもほのぼのとしたムードがある。人づきあいが好きな人たちのまわりには、いつも人間的な暖かみがただよっている。この暖かみが情熱を永続させてくれるのである。

惚れ込んだ相手の心の中に入りこむコツ

新しい出会いを求めて勉強会、サロン、パーティーなどに積極的に参加するようにしていると、多くの人と出会う機会が持てる。だが、たいていは名刺を交換するだけで終わってしまう。せっかくの出会いを得たのであれば、お互いの縁をそのままにしておかず、さらに一歩相手の心の中に入りこんでいこう。そのために、手紙作戦を実行しよう。

まず、はじめて知り合えた人には、出会いのうれしさを書いた礼状をだす。陽性の反応のあった人と、さらにパイプを太くするようにつとめるのだ。

もうひとつは、ラブレター作戦だ。強烈な印象のあった人、興味をそそられる人と接する機会があったときは、すぐにその人へ手紙を書く。

〔ポイント〕その人に惚れ込んだ気持ちを率直に伝えることだ。惚れた相手の心の窓を開くには、
プッシュ・アンド・プッシュだ。どんな人でも、真面目なラブレターを受け取ったらうれしいものだ。こちらの誠意は必ず通じるはずだ。

好奇心をフル回転させよう

世の中には、毎日が同じことの繰り返しで、面白くないという人が多い。私は、それはとんでもない間違いだといわざるをえない。人に関わりあうことすべてに興味を持って毎日を過ごしていると、大変に楽しいものだ。

道を歩いていても、道端の野花に関心がいく。商店街では人が大勢集まっていると、気になってのぞきたくなる。週刊誌、女性雑誌にも興味をそそられる。テレビ、映画も話題になっているものは見たくなる。身近に起こるどんなものからでも何かしら得るものがあるのである。

そして好奇心のあることは、自分の個性を豊かにしてよりよく生きるための道を切りひらく力を養ってくれることになる。

〔ポイント〕もっと触覚を研ぎ澄ませて、どんなことにも興味を示していると、自然に幅広い知識と鋭い洞察力が身についてくる。それが対人関係に大きなプラスをもたらしてくれるのだ。

勘を働かせよう

人と会うときに心がけるべきことの一つに、話を切り上げるタイミングがある。この判断は、勘に頼るしかない。

話をしているときの相手の目の動き、顔の表情に見られる緊張感、落ち着き度などを敏感にキャッチして、即座に話を切り上げるタイミングを察知する。

簡単そうだが、なかなかむずかしいことだが、意識して経験を積んでいけば、勘が身についてくる。相手の表情を読み取るには、横に並んでいても、顔を相手のほうに向けて話をすることだ。下を向いてボソボソいっていては、表情を読み取るなんてとてもできやしない。

〔ポイント〕話をするときは、目と目をあわせて「よく話を聞いています」というアイ・サインを送ることだ。サインを送った瞬間に感じる相手の対応の仕方で、対話を切り上げたらいいかどうか判断すればいい。

親しさとは相手に甘えることではない

親しさとは、礼節を守って思いやることである。人は、親しいということを、はき違えてしまいがちだ。親しさと甘えを勘違いしているのだ。親しいということは、相手に甘えることではなく、相手を思いやることなのだ。

人間関係に甘えは禁物だ。どんなに親しい友人であっても物事のケジメをおろそかにしておくと、いつしか心が離れていくのが人情だ。

たとえば、待ち合わせの時間に必ずといっていいほど遅れてくる人がいる。長年のつきあいだからと、甘えているのだが、これを平気でやられていたら、相手は不信感がエスカレートしていくだろう。

〔ポイント〕プラス志向で意欲的な人は、決して人に甘えたり依存しすぎたりはしない。自分でなんでも解決しようとチャレンジできるからだ。相手に甘えるのではなく、相手を思いやることが、人間関係の「基本のき」だ。

ダボハゼ作戦でマンネリ化を避けよう

年がら年中つきあう人が同じ会社の仲間では、新たな刺激もないし、活力も湧いてこない。でも、社外の人や初対面の人と接触するのは、おっくうさが先立ってしまうという人が多いだろう。意欲あるかぎり、勉強会や交流会のハシゴをしよう。それぞれの会の持つ独特のエキスを、ツマミ食いして歩くのがよい。どんなものにも食いつくダボハゼ精神を発揮すると、知的滋養が十分に吸収できるようになる。

つねに異質なものを新たに探し求めて、次なる人間道場へ旅立つべく、ダボハゼ作戦を展開しよう。

〔ポイント〕たとえば、これからの一年、あるいは二年というふうに、具体的に一定の期間を決めて多くの会合に参加してみて、いろいろな人との出会いを楽しんでみることだ。それが、意欲的人間になれる秘訣である。

コラム・青木流・新友づくり講座

ずっとつきあいたい人は、「七つの香り」を発散させている

1　自分らしく生きる

自分らしく生きるには、自分を見つめ、自分の置かれた立場や環境をよく理解することが必要だ。この自分らしく生きようとする緊張感が、相手の心を打つ魅力になる。

2　包容力

相手のことを見守っていて、いざというときにだけアドバイスし、行動をおこしてくれる人。押しつけではなく、さりげなく手をさしのべてくれる。

3　好奇心

人間にかかわりあることすべてに、大いなる興味を抱いている。このような人は、教養が身につき、知的会話のタネが増え、幅広く活躍できる。

4　自然流

人づきあいで背伸びしてはならない。相手からバカにされまいと構えていると、相手もその気配

を察して心を開かない。自然体で自分にも相手にもムリなくつきあう人がいい。

5　挑戦する心

いつも何か課題を持って、解決しようとつとめていく前向きな姿勢が大切だ。自分自身に挑戦しながら、たえず積極的に生きる人からは、まわりの人もエネルギーをもらえる。

6　遊び心

遊びを通して人間の感情の機微を知り、人づきあいのマナーを身につける。遊びは人間修行の場だ。遊び慣れた人は、人生を楽しむのがうまく心に余裕がある。

7　芝居心

相手のタイプに応じて、役作りを変えていく柔軟な対応ができる人だ。人と接するときには、状況に応じてそのつど変身し、相手を楽しませる芝居心が人間関係を保つ原動力になる。

11章　人脈づくりのタブー

とにかく大切なのは人つきあいに損得を考えてはいけない

ステップ1　つきあいに損得を考えてはいけない

計算高い人というのは、嫌われる。人とつきあう時間までもコスト算出して、自分の時間は一時間につきいくらに相当するから、それに見合う人と触れ合うならいいが、そうでない人とのつきあいは、できるだけ避けるのだという。

こんな人とのつきあいはごめんだ。つきあいの原点は、相手との心の交流である。人との交流に、功利的な打算の介在は許されない。

逆に、つきあいの達人には、損得を考えない「情感人間」が多い。自分の心の中に湧き出してくる感情に、きわめて忠実に対応しているのだ。ところが、為すことすべてについて、ひと通りの理屈をつけないと気がすまない「論理人間」がいる。このような人はつきあいがヘタだ。合理主義にとらわれて、すべてに功利的に損得を考えて事を運ぶ論理人間は、つきあいの壁を破ることはできない。

ステップ2　自己投資をケチってはいけない

最近は長びく不況で格差社会になり、「ワーキングプア」などという、いくら働いても経済的にきびしい生活を強いられる層も出てきた。人とのつきあいや、自己投資にお金をかけるゆとりがないという人もいるだろう。

だが、余裕というものは、自分から積極的につくりだしていくものだ。時間もカネもなんとか工夫してやりくりして、ひねり出すことだ。

それぞれの家庭を独立した企業とみなせば、世帯主はいわばオーナー経営者である。

企業発展のために必要な適正規模の前向きな投資は、つねに継続させていかなければならない。そのためには、家庭という企業のなかで主導権を確立させておく必要がある。千円亭主といわれるようでは、家庭でも職場でも決して一流の経営者にはなれない。

ステップ3　人脈の多さを自慢しない

世の中には、分厚い名刺ファイルを何冊も大事にして、自慢しているような人がいる。偉い肩書きの人と知り合いだといって得意になる人がいる。

先にもふれたが、人と人が出会うのに、損得勘定は抜きだ。功利的な生活のために人とふれあうのではなく、楽しく生きるためである。だから、人脈を自慢したり、知り合いを自慢する人間は嫌われる。

その人にとって人脈とは、利用できるときに利用するだけのものなのだ。

たとえば、仕事をうまく取るために利用するなど、損得だけで考えているのである。

本当の人脈は、お互いが楽しんで成長しあうためのつきあいをする関係でなければならない。

ステップ4　話題の提供を惜しまない

人と会うのが苦手という人は、人と話すのがおっくうだという人が多い。だが、人との会話で、自分は黙ってばかりいて、相手に一方的に話題を提供させているだけでは、つまらない人だと敬遠されてしまう。

だから日ごろから、話題のネタを集める努力をすることだ。といっても、特別なことをする必要はない。いつも五感を澄ませていて、好奇心いっぱいでいれば、話材のネタはどこにもころがっているはずだ。

自分が見たこと、聞いたこと、体験したことの中から、面白いネタにぶつかったら、メモに書き記すことをおすすめする。そのメモをときどき整理して、内容を把握しておけば、いつでも楽しい話題を提供することができるようになる。

話題の豊富な人は、どんな場でも、人気者になれるはずだ。

ステップ５　人の心の聖域を侵してはならない

どんな人でもその心のなかには、他人に踏み込んでもらいたくない聖域があるものだ。ところが、その境界を超えて土足のままに入り込んでくる無神経な人が世の中には意外に多い。

何となくつきあいが始まって、顔を合わせる機会が多くなると、相手のことをすべて知っていなくては気がすまないという人がいるのだ。相手を一方的に親友扱いしたり、個人的な情報を聞きたがり、人の心に土足で踏み込んでくるのだ。

こういう人には、毅然とした態度で、ぴしっとはねつける勇気をもつことが大切だ。

そしてあなたも決して他人の心の中を侵すまいと、決意することだ。つきあいを通じて、つまらぬ人が聖域に侵入してくるのは、耐え難いことだからだ。

ステップ6　自分の流儀を人に押しつけない

人というものは、とかく自分の考えをもとにして、他人を判断したがるものだ。だが、その思い込みがもっとも危険なのである。人には人それぞれの生き方があり、誰もが自分の流儀を持ち合わせている。それを、他人にまで押しつけてはならない。

人の心の中は七つ以上のベールで覆い隠されていると考えたほうがよい。そうすれば、自分の聖域も守ることができて、他人についてあれこれと干渉するようなこともなくなる。人間関係というものは、ベールに覆われた神秘な部分を持ち合わせているほうが長続きしてうまくいくものなのだ。

自分と主義。思想が異なったものを持ち合わせている相手を、むしろ敬愛の念をもって接するのが、大人の洗練されたつきあいである。

ステップ7　遊びの心を軽く見てはいけない

遊びを知らない人には、人生の味はわからないだろう。その人の人生を、なんらかの形で感じられないような人は、つきあってみても楽しくないので、自然と疎遠になってしまうものだ。人間的な幅の広さや豊かさが、その人の体の中からにじみ出ていないからだ。

遊びをマスターしているならば、他人をひきつける独特の魅力が身についていて、それがつきあいの潤滑油として作用する。

この場合の遊びとは、なにも特別なものでなくていい。たとえば、あなたがふだん打ち込んでいる、俳句づくり、カラオケ、山登り、旅行、ジョギング……、なんでもいいのだ、あなたが真剣に打ち込んでいる趣味でいい。

ただし私は、マージャン、ゴルフ、酒の話ばかりはするなと前にもふれた。この三つは、サラリーマンの月並みな話題だからだ。もっと他の楽しい遊びはたくさんあるはずだ。

ステップ8　タイミングをはずすな

どんな行動をするにも、為すべきタイミングというものがある。ちょうどよいタイミングをはずしてしまうと、気が抜けたビールのように後味の悪い結果になる。

たとえば、街頭や駅のホームで相手を偶然に見かけたとき、いち早く声をかけて挨拶できると、相手も快く受けとめてもらえる。だが、ここで、タイミングをのがして声をかけられなかったときに、相手に隠れてコソコソしてしまうことがあるものだ。

また、何かいただき物をした場合、お礼の手紙を出そうと思っていて、ついつい忙しさにまぎれて、出すのが遅れてしまうことがある。一週間以上もたってから礼状を出したのでは、相手も気が抜けてしまうだろう。つきあいには、タイミングが大事なのである。総じて、早すぎる行動のほうが失敗はしないだろう。

ステップ9　人生につまずく人と成功する人

ダニエル・ゴールマンが提唱した「ＥＱ人間」をめざすことを考えよう。つねづね私は、このＥＱ＝「心の知能指数」について、大事なこととして述べてきた。

このＥＱとは何か。人間の能力の差はＩＱ（知能指数）ではなく、「自制」「熱意」「忍耐」「意欲」などを含めた「ＥＱ」によるものだ。ＩＱがものをいう学力試験は、人間のもつ知性という一つの側面を測るにすぎない。

ＥＱは、本当の意味での「頭のよさ」を示すもう一つの基準で、これこそが、人を成功に導く要素なのである。ＩＱ偏重主義は、人の心をおろそかにして社会での成功を妨げるばかりか、凶悪な犯罪を生み出す要素にもなっている。

学校教育では、ＩＱの高さや学力試験の成績が人生の成功を約束するものと思われてきた。ＥＱに不可欠な情操教育、社会教育はおろそかにされてきた。

そのために、いま、家庭、社会、学校でさまざまな問題が起きている。いじめ、ひきこもり、ニート、キレる子ども、凶悪犯罪などなど……。

これらの問題の原因の一つが、コミュニケーション能力の欠如である。ＩＱ偏重の教育が、コミュニケーション能力を育てることをさまたげてきたのである。

いま、多くの人たちは、「ＩＱが高ければ人間として優秀だ」という間違った思い込みに気づきはじめている。この間違いが、これまで、人を疎外し、心の交流を遠ざけ、さまざまな問題を生じさせてきたのである。

ＩＱがいくら高くても、うまく人とつきあえない者には成功はおぼつかない。

ＥＱにはつぎの六つの能力がある。

①共感力＝他人の気持ちをおしはかる力
②自己認知力＝自分自身の感情をつねにモニターする力
③根気＝粘り強さ
④協調力＝調和を保ち、協力しあう能力
⑤楽感力＝物事の明るい面を見出す力
⑥自己抑制力＝怒りや欲求などの感情を制御する能力

ＩＱは生まれつき決まっているが、これらのＥＱは、自分の努力で高めることができるものだ。ＥＱ人間こそが、つきあい上手で誰からも好かれる人になれる。

ステップ10　グチをいってもかまわないときもある

グチばかりいっている人は、まわりから嫌われる。マイナス志向の言葉ばかり発して、まわりの人たちまで暗い気分にさせてしまうからだが、グチをいってもいい場合もある。いや、むしろグチをまったくいわないと、聖人君子みたいで、近寄りがたい人間だと敬遠されるときもある。

お互いに辛いことに出遭ったり、たまにはホンネをさらけだして酒でも飲みたいと思ったときは、グチり合ってもいいではないだろうか。それが、おおいにストレス発散になって、明日へのエネルギーになるなら、けっこうなことだ。

逆に、強がりばかりいって見栄を張っている人より、ホンネでグチをいい合える人のほうが、人に好かれるだろう。いうならば、日本のサラリーマンはほとんどがグチをいいながら仕事をしているようなものだ。いや、サラリーマンだけでなく、主婦も子どももグチをいっては、ストレスを発散している。グチをひと言もいわない人は、どこかに無理がある。

ステップ11　その場しのぎの言動はボロを出す羽目になる

誰にでもいい顔をしたいというのか、自分を売り込んでおきたいという意欲が強烈なのか、その場しのぎでつじつまを合わせようという人がいる。たとえば、上司から「この企画書を明日までに仕上げられるか？」と聞かれて、「大丈夫です。これくらいなら、間違いなくできますよ」なんて調子のいいことをいっておきながら、結局はできなくて上司や同僚の力を借りるという失態を演じる。当然ながら、信用は丸つぶれだ。

このように、その場しのぎの応対をしていると、あとでかえって大変なことになる。相手かまわず、自分をカッコよくみせようと自己ＰＲしていたのでは、自己宣伝というオートマシンを売るセールスマン程度にしか人物評価されないだろう。

ステップ12　相手を怒らせたら逃げてはいけない

もしもあなたが人を怒らせてしまったら、仮にその原因があなたのせいではなかったとしても、まずは相手の怒りをひとまず受けて立つべきだ。相手があなたに怒りをぶつけてくるのを、決して逃げてはいけない。

さらに、怒りでわれを忘れたようになっている人に、つまらぬ言い訳はしてはならない。火に油を注ぐことになって、問題をさらにこじらせてしまう。たとえば、納品ミスで取引先の担当者を怒らせてしまったときなど、すぐさま取引先に駆けつけて、直接、担当者に謝罪の言葉を述べることが、何より大事なのである。

謝罪は一つのセレモニーだから、丁寧に心を込めてすることが必要なのだ。もしもミスの原因があなたにある場合、即時対応して出向くのはもちろんだが、謝罪とあわせて叱ってくれたことへの感謝の言葉を添えて、相手に手紙を書いてみるとよい。決して逃げないこと。これは鉄則である。

ステップ13　こんな会話は嫌われる

会話は人づきあいのひじょうに重要な要素である。会話がスムースに流れていくように心がけることが、何より大切なことはいうまでもない。とくにスタートの段階で、つまずかないようにすることがコツだ。

誰に対しても、気心が知れた仲間にしゃべるように、一方的に自分の意思をぶつけていくようなやり方は、タブーだ。あなたの言葉のボールをどのように投げたら、相手はキャッチしやすいのかを、頭を使って工夫してやることだ。

そのためには、第一球は、問題提起型の質問をするといい。相手が関心を持っていそうなことを、聞き出してみるのだ。

第一球が反応もなく見送られたら、あきらめずに第二球、第三球と、別な話題に切りかえてみることだ。こうしてつぎつぎと模索していきながら、共通な接点をさがしていくのだ。そうすれば、相手もそれなりの球を返してくれるはずである。

ステップ14　相手の性格上の欠点にまでふれてはダメ

自分だけは正しいと思い込んでいるのか、やたらと他人の過ちを糾弾する人がいる。まことにもって尊大な人間だ。

人は誰でも欠点を持っているし、失敗を繰り返してしまうものだ。それを、その人のことを考えているかのように、「きみはいつもこんなことをしているから、だめなんだ」と、忠告する輩がいる。もしもあなたが正義感に燃えて、他人の性格や失敗にまで口を出したくなる人なら、気をつけなければならない。

とくに、相手の性格上の欠点まで、あげつらうようなことはやめるべきだ。本人だって、その欠点をなおそうと努力しているはずだ。そこへ、あなたが傷口に塩を塗るような行為をしたら、相手は敵意を抱くようになる。

相手の性格にまでふれて忠告するような行為は、ひとりよがりな善意なのだと、心得ておこう。

ステップ15　人と話すときに笑顔がない人は無神経だ

仕事上のつきあいは、みずから求めたものではなく、お仕着せのものだ。それだけに芝居心が絶対に必要だ。

気の合う仲間とのつきあいには演技力など必要ないが、仕事上のつきあいには、ある程度、自分を殺してでも人間関係の潤滑油をつくりだしていかないとまずいのだ。この潤滑油に相当するのが、芝居心である。

たとえば、その場に楽しい雰囲気が流れているなら、口元に笑みを浮かべてそのムードに乗っていくべきだし、うれしい話を聞くときは笑顔で聞き、悲しい話には沈痛な表情で対応する、というように、その場にふさわしい芝居心を発揮することが肝心なのだ。

たとえあなたが笑顔をつくる気分ではなくても、人と会って話をするときは、笑顔をつくる気配りがなければ人づきあいはうまくいかない。相手に合わせて芝居をする。これが大切なのだ。

ステップ16　世話になった人に、ごぶさたしてはいけない

あなたが成長していく背後には、必ず、指導してくれた人や世話をしてくれた人がいるはずだ。あなたがこんにちあるのは、その人たちのおかげで、本来なら片時も忘れることなく、その恩恵に感謝し続けていかなければならない。

だが、雑事に忙殺されているうちに、相当な年月、ごぶさたしてしまうことがある。だが、どんなにごぶさたしても、思い立ったときに、感謝の気持ちを伝えていくべきである。「世話になった人には感謝をする」というのが、人間関係の基本である。

世話になった人のことを、すっかり忘れ去ってしまうようでは、まだまだ基本ができていない。それでも、心のなかで思いつづけているかぎり、感謝の気持ちを伝えるチャンスは必ず巡ってくるはずだ。

ステップ17　悩んだときは一人で悩んではいけない

たとえば仕事でいきづまったとき、困った事態におちいったとき、一人で悶々と悩むのはよくない。人に相談すると、解決の道が開けてくるかもしれないし、解決に至らなくても、気が楽になってヤル気も起きてくる。

一人でウジウジと悩む人は、仕事上の悩みを誰かに相談することは、自分の弱みをさらけだしているようで、イヤなのかもしれない。だが、一人で悩んでいても解決しないことが多い。

煙たい相手かもしれないが、上司に相談すると、いちばんの解決の早道だったりする。部下から相談を持ちかけられるのは、上司にとっては嫌なことではなく、かえってうれしいものなのだ。それがきっかけで、上司と心が打ち解け合って、いい信頼関係を築くことができるかもしれない。悩み事や問題は、自分一人で解決しようとしないことだ。

ステップ18　さあ、人づきあいの旅にでかけよう！

あなたは、本書をここまで読んでこられて、さっそく「人に会おう！」と思われただろうか。ひとりの人間が、人生で出会える人の数はどれくらいだろうか。私たちがいくら懸命に努力したところで、たいした数ではないだろう。

ならば、出会えた人とは、縁を大切にして、人生のパートナーとしてともに歩んでいかれるような関係になりたいものだ。

何が起こるかわからない人生だ。人と会うのはわずらわしいと思うこともあるかもしれないが、それを上まわる楽しみと温もりがある。いつも温かい励ましを送ってくれるパートナーがあなたの身辺にいたら、どんなに心強いことだろう。

あなたは、自分の人生カンパニーのオーナー経営者なのだ。自分の人生をイキイキとツヤのあるものにするために、いい新友・親友とともにタイムリッチな生き方を探し求めようではないか。

本文でもふれてきたが、私は、人生パートナーとともに、ツヤのある粋な人生を送ることを目指したいと思っている。自分流の美意識に徹して、粋な人生を生き抜いてみようじゃないか。

あなたにも、野暮な生き方だけはしてほしくない。それには、新しい出会いを求め、知り合った新しいパートナーから刺激を存分に受けて、ツヤのある生き方をするのだ。これは、何歳になっても遅いということはない。

あなたがさらに幸せで楽しい人生を送るために、自分にない魅力を持ったパートナーを求める旅に出ることをおすすめする。

私とともに、人間行脚の旅に出ようではないか……。

【著者紹介】

青木匡光（あおき・まさみつ）

ビジネス評論家。ヒューマンメディエーター（人間接着業）。小樽商科大学卒。三菱商事に10年間勤務したあと、広告会社に転職。1975年アソシエイツ・エイランを設立、異業種交流の場を提供。またサロン風のオフィスを「ヒューマンハーバー（人間の港）」として開放し、人間関係に悩む人たちに指針を与え、人生に意欲的な人同士を結びつけている。現在、異業種交流や人脈づくりのパイオニアとして講演、著作などで活躍中。
著書に『顔を広め味方をつくる法』（日本実業出版社）、『人づきあいが苦にならない法』（ＰＨＰ研究所）、『ＥＱ型人間が成功する』（産能大学出版部）、近著に『人づきあいの旅にでよう』（JDC）、『内気が苦にならなくなる本』（法研）、『人間接着力』（小社）などがある。

そろそろ取りかかる人づきあいの流儀
青木流極意で人生が１００倍楽しくなる

2024年5月31日発行　　著者　**青木匡光**
発行者　**向田翔一**

発行所　株式会社22世紀アート
〒103-0007
東京都中央区日本橋浜町3-23-1-5F
電話　03-5941-9774
Email: info@22art.net　ホームページ：www.22art.net

発売元　株式会社日興企画
〒104-0032
東京都中央区八丁堀4-11-10 第2SSビル 6F
電話　03-6262-8127
Email: support@nikko-kikaku.com
ホームページ：https://nikko-kikaku.com/

印刷
製本　株式会社PUBFUN

ISBN：978-4-88877-294-5